직접 민주주의를

許하라

직접 민주주의를 허하라

초판 1쇄 인쇄 2011년 12월 20일
초판 1쇄 발행 2011년 12월 26일

지은이 소준섭
펴낸이 이영선
펴낸곳 서해문집
이 사 강영선
주 간 김선정
편집장 김문정
편 집 허 승 임경훈 김종훈 김경란 정지원
디자인 오성희 당승근 안희정
마케팅 김일신 이호석 이주리
관 리 박정래 손미경

출판등록 1989년 3월 16일 (제406-2005-000047호)
주 소 경기도 파주시 교하읍 문발리 파주출판도시 498-7
전 화 (031)955-7470 | **팩스** (031)955-7469
홈페이지 www.booksea.co.kr | **이메일** shmj21@hanmail.net

ISBN 978-89-7483-502-6 03340

이 도서의 국립중앙도서관 출판시도서목록(CIP)은 e-CIP 홈페이지(http://www.nl.go.kr/ecip)에서
이용하실 수 있습니다.(CIP제어번호: CIP2011005591)

직접 민주주의를

許하라

소준섭 지음

1퍼센트의
1퍼센트에 의한
1퍼센트를 위한
민주주의 시대는 끝났다!

서해문집

직접 민주주의를 허하라!

대의代議하지 않는 대의 민주주의

1997년 IMF로부터 구제 금융을 받은 뒤로 우리나라는 이른바 신자유주의 체제로 급속하게 재편되면서 살벌한 사회로 변해 왔습니다. 그야말로 약육강식, 적자생존의 논리 속에서 심각한 양극화 현상을 겪어야 했습니다.

이 과정에서 아흔 아홉 칸 집을 가진 자가 백 칸 집을 만들기 위하여 한 칸 집을 가진 사람 집까지 뺏어 간다는 말처럼 오로지 기득권 세력의 무제한적인 독점과 탐욕이 우리 사회를 철저하게 지배하게 되었습니다. 기득권 세력이 사는 곳은 철조망과 높다란 장벽이 삥 둘러쳐져 접근할 수 없습니다. 그리고 그 문턱은 더욱 '위엄 있게' 높아져만 갑니다.

선거 때만 되면 갑자기 찾아와 표만 가져가는 제도 정치권은 국민들과 너무나 먼 곳에 사는 사람들일 뿐입니다. "펜은 칼보다

강하다"는 말은 들었지만, 국민의 편에 선 펜은 구경하기 어려워졌습니다. 제도 언론이 기득권 세력의 철저한 파수꾼으로 전락한 지 오래입니다. 이렇게 하여 대자본, 제도 정치권, 제도 언론 그리고 관료 집단의 기득권 세력, 즉 지배 복합체가 이뤄집니다. 이 '기득권 세력'들의 바로 아랫자리에는 자기 아들 대까지 자신의 일자리를 세습해 주겠다는 '노동 귀족'도 포함됩니다.

이러한 사회에서 국민들은 지금 자신들의 고통을 호소하려 해도 호소할 곳도 없고, 국민의 의사를 반영해 줄, 국민의 이익을 지켜 줄 아무런 수단도 가지고 있지 못합니다. 특히 이 사회로의 진입조차 어렵게 된 젊은이들은 오늘도 불안감에 빠진 채 거리를 헤매야 합니다.

지금 당장 직접 민주주의를 허하라!

모든 사람이 민주주의를 말합니다.

그러나 과연 민주주의가 무엇인가에 대하여 심각하게 고민하는 사람은 거의 없습니다. "민주주의 한다고 밥이 나오나 떡이 나오나?"라고 말씀하시는 분도 적지 않습니다. 하지만 저는 민주주의야말로 국민들의 밥과 생활과 가장 커다란 관계가 있다고 생각합니다.

올바른 민주주의가 존재할 때만 비로소 국민의 삶이 풍요롭고 자유로우며 평화롭게 될 수 있습니다. 우리 국민은 더 이상 이 땅에서 주변화되고 소외된 객체여서는 안 됩니다. 이제 참된 민주주의를 실천하는 진정한 주인으로서 인간답게 살아가야 합니다.

원래 민주주의란 국민의 직접적인 자기 통치, 즉 직접 민주주의를 의미하는 것입니다. 현재의 대의 민주주의는 국민의 직접 민주주의를 실현할 수 없는 여러 현실적인 제약 요소로 인하여 부득이하게 차선책으로 실천된 것입니다. 그러나 세계 각국에서 시행되고 있는 대의 민주주의의 실정을 살펴보면, 국민에 의하여 선출된 대표자가 정작 국민의 이익을 대표하지 못하고 결국 극소수 특권층의 이익에 봉사하는 경향을 보여 주고 있습니다. 반면 국민들은 오직 투표일 하루만 권리를 행사할 뿐 선출된 대표자에 대하여 사실상 아무런 통제를 할 수 없는 채 피치자被治者라는 객체로 전락합니다.

이러한 상황은 현재의 대의 민주주의 시스템에 대한 근본적인 문제를 제기하게 만들고 있습니다. 최근 우리 사회에서 기존 정당과 정치권에 대한 총체적인 혐오감과 불신이 극에 이르고 있는 것은 곧 이러한 현상의 직접적인 반영입니다. 예를 들어, 지난번 치러진 우리 지자체 선거의 거의 모든 지역에서 기존 여당 소속 단체장이 야당 소속 단체장으로 교체되었습니다. 하지만 그럼에도 불구하고 정작 바뀐 것은 아무것도 없다는 것이 지역 주민의 일치된 평가입니다. 원래 정당이란 대의 기관이 될 수 없으며, 전체 국민을 대표할 수도 없습니다. 왜냐하면 정당은 본질적으로 통치 기관이 아니며 특수 이익의 영향을 강하게 받는 조직이기 때문이지요. 결국 현재의 정치 시스템으로는 결코 소통을 이뤄낼 수 없고 국민의 민의는 왜곡된 채 정상적인 사회로 전진할 수 없게 됩니다.

최근 한 여론조사에서 '우리 사회를 불행하게 하는 사람'을 묻는 질문에 응답자의 67.5퍼센트가 정치인이라고 대답하였습니다.

이제 진정한 의미에서의 '대의代議'를 수행하지도 못하는 현재의 간접 민주주의를 극복하여 국민이 직접 나서서 '아래로부터' 직접 민주주의를 확대해 나가야 할 때입니다. 특히 우리나라는 인터넷 고속망 보급이 세계 최고 수준으로 직접 민주주의를 지금 당장 시행할 수 있는 온라인 시스템도 구축되어 있습니다.

직접 민주주의는 반드시 실천되어야 하고, 또 지금 가능합니다. 더 이상 국민이 그저 피치자의 객체로만 전락되어서는 안 됩니다. 국민은 투표일 하루만이 아니라 1년 365일 민주주의의 주인이고 왕이어야 합니다.

그리하여 이 책은 민주주의의 본질이란 무엇이며, 과연 이 땅에 진정한 민주주의는 존재하는 것인가? 그리고 참된 민주주의를 실현하기 위해서는 우리가 어떻게 해야 하는가를 고민하고 성찰할 기회를 갖기 위하여 마련되었습니다.

이 책의 성격상 주석은 일일이 달지 않았다는 점을 양해 바랍니다.

어둠이 깊을수록 희망은 반드시 그 안에서 자라나는 법입니다.

차례

直接

·
과연
'정치적 자유'란
무엇인가?

民主主義

사람들은 '정치적 자유'를 이야기합니다.

과연 '정치적 자유'란 무슨 의미를 가지고 있을까요?

이전 시기 우리나라는 암흑의 군사 독재를 경험한 바 있습니다. 군사 독재 정권의 노골적인 강압과 폭력에 짓눌린 채 '민주'와 '자유'라는 말을 입 밖에 낼 수조차 없었지요. 분명 지금은 그때에 비하여 상당히 많은 정치적 자유가 주어졌다고 할 수 있습니다. 국민들의 투쟁에 의하여 쟁취해 낸 것이지요.

그러나 다시 곰곰이 생각해 보면, 우리는 지금 그저 말로만 입 밖에 낼 수 있을 뿐 우리의 각종 '요구'들은 사실상 거의 실현되지 않는다는 것을 알 수 있습니다. 정치권력만이 아니라 자본의 막강한 힘이 가해지고 관료 집단 그리고 제도 언론이 이심전심 자발적으로, 그러나 철저하게 결합함으로써 국민의 정치적 자유는 '구조적으로, 또한 제도적으로' 완전하게 억압되고 봉쇄되어 있습니다.

흔히 '정치적 자유'라 하면 단순히 개인의 인권 보장 차원에서 간주되지만, 현대적 의미에서의 '정치적 자유'란 보다 폭넓게 "인간의 존엄성을 보장하기 위하여 국민의 동의와 협력을 바탕으로 법과 정의에 입각한 강제가 없는 상태"라고 이해되고 있습니다.

사실 '정치적 자유'의 개념을 한마디로 설명하기란 매우 어렵지요.

고전적 자유주의에서 정치적 자유는 주로 개인의 기본권 보장을 위하여 법에 따라 강제가 없는 상태라는 점에 초점이 맞추어져 있고 특히 인권 보장에 역점을 두는 반면, 현대 자유주의는 개인의 인권 보장이 개인과 집단의 협력과 대중의 참여로 가능하다고 간주하고 있습니다.

맥퍼슨(C. B. MacPherson)에 따르면, 자아 발전을 위한 평등한 권리가 곧 자유입니다. 그러한 자유는 시민들의 능력과 공공 사회의식, 평등을 선행 조건으로 하여 정치적 참여를 통하여 달성되고 동시에 정치적 참여가 그 선행 조건을 제고시킨다고 설명됩니다.

독과점 체제의 비극 _ 맥주 시장과 정치 시장

여기에서 우리의 '자랑스러운' 정치 현실을 한 번 생각해 봅시다.

우리나라의 맥주 시장은 잘 알려진 바처럼, OB 맥주와 하이트 맥주로 양분되어 있습니다. 최근에는 다소 변화가 생긴 듯하지만, 여전히 이 두 회사가 맥주 시장의 진입 문턱을 높이 쳐 놓는 바람에 다른 중소 맥주 업체는 맥주 시장으로의 진입 자체가 어렵지요. 그런데 문제가 되는 것은 이 독점 시장에서 맥주의 맛이 다른 나라 맥주에 비하여 상당히 떨어진다는 사실입니다. 하지만 맥주 소비자들은 수입 맥주를 마시지 않는 한, 다른 대안이 없이 두 맥주 중에서 하나를 선택할 수밖에 없습니다.

우리의 '정치 시장' 역시 맥주 시장과 매우 닮아 있습니다.

'공적公的 가치'를 추구할 '의지'를 발견하기 어렵고 또 그것을 실천할 능력도 거의 갖추고 있지 않은 우리의 제도권 정당들은 '너무도 유사하여 그 특성이 잘 구별되지도 않는' 자기들의 '선수'들을 선거라는 '링'에 올려 보냅니다.

마치 우리의 맥주 시장처럼 철저한 독과점 시스템으로 짜여진 '정치 시장'에서 국민들은 오직 "OB냐? 하이트냐?"라는 식의 '강요된 선택'만을 강제당할 뿐입니다. 만약 이 강요된 선택을 거부하고 그러한 맥주들을 마시지 않겠다고 하면(즉 기권을 하게 되면), 이제 '민주 시민'이 아니라면서 비난합니다.

차次 기득권 세력으로서의 제도권 야당은 '차악次惡과 차선次善의 선택'만을 강요하면서 항상 '임박한 당면 과제를 위한 대동단결'과 이른바 '민주대연합'을 강박합니다. 그들의 유일한 기준은 '한나라당 대 반反한나라당'의 이분법적 '진영 논리'이지요. 하지만 보수 세력과 제도권 야당은 겉으로 보기에 이렇게 서로 대립하는 것 같지만, 대다수 국민들의 입장에서 볼 때 결국 권력의 독과점 체제를 유지하는 굳건한 동맹자입니다.

이러한 상황에서 의미 있는 '정치적 자유'는 사실상 존재하기 어렵습니다.

강요된 '선거 공화국'

한편 우리 사회는 가히 '선거 공화국'이라 할 만합니다.

대통령 선거를 비롯하여 국회의원 선거 그리고 지자체 선거 등 각종 선거가 참으로 많기도 하고, 더구나 이들 선거가 끝났는가 하면 또 보궐 선거가 시의적절하게 나타나 그야말로 매년 선거 릴레이가 이어집니다. 여기에서 정당들은 이른바 '선거를 팔아' 풍요로운 '공천 장사'를 하고, 선거 연합을 명분으로 한 각종 합종연횡이 펼쳐지지요. 그리고 이 총체적 과정은 정당들로 하여

금 대중에 뿌리를 내리는 본연의 활동이 아니라 항상 임시방편적인 정치 공학에 매몰하게 만듭니다.

특히 보궐 선거의 경우 일반적으로 유권자들의 견제 의식이 작동됨으로써 선거에 패배한 정당의 자기 개혁 기회를 원천적으로 봉쇄하는 기능을 하게 됩니다. 최소한 보궐 선거만이라도 다른 나라의 사례를 참고하여 치르지 않는 방안을 모색해야 합니다. 일본은 중의원과 참의원에서 결원이 생길 경우, 2위를 차지한 후보가 유효 투표수의 6분의 1을 득표했다면 의원직을 승계합니다. 미국의 대부분 주州는 주 상원의원의 결원이 생기면 주지사가 의원을 지명하고 있으며, 프랑스는 후보부터 대리 후보를 등록시켜 사망 시 대리 후보가 공직을 수행합니다.

조선 시대에 '예송禮訟 논쟁'이라는 것이 있었습니다. 즉 효종이 죽은 뒤 그의 계모인 자의대비慈懿大妃가 효종의 상喪을 1년상으로 치를 것인가 아니면 3년상으로 치를 것인가라는 논란이었지요. 이 문제를 둘러싸고 서인과 남인 사이에 치열한 당파 싸움이 전개되었습니다. 그러나 이 치열했던 당파 싸움은 도탄에 빠진 백성들의 삶과 전혀 관계없는, 오직 당파의 이익을 위한 정략적 투쟁에 불과했지요.

사실 현재 우리의 여당과 야당 간에 치열하게 전개되는 각종

'투쟁'과 논쟁 역시 '예송 논쟁'과 그다지 다르지 않습니다. 더구나 TV를 비롯한 제도권 언론들은 그 '투쟁'과 논쟁을 매일 같이 톱뉴스로 앞다투어 다루면서 그 문제야말로 우리 사회에서 정말 중요한 문제라고 소리 높여 강조합니다. 하지만 사실 그러한 문제 중에서 국리민복國利民福과 연관성이 높은 문제는 별로 없습니다.

정말이지 우리 국민은 그런 뉴스 이제 그만 보고 싶습니다.

이들 정당들은 지금 우리 사회의 권력을 선거를 통하여 너무도 당연하게 차지하고 있습니다. 그런데 이들 정당들의 본질은 과연 무엇이며, 이들 정당이 권력을 차지하는 것은 과연 필연적인가에 대해서도 근본적으로 생각해 보아야 할 필요성이 있습니다.

우리의 제도권 정당들은 '너무도 유사하여 그 특성이 잘 구별되지도 않는' 자기들의 '선수'들을 선거라는 '링'에 올려 보냅니다.

철저한 독과점 시스템으로 짜여진 '정치 시장'에서 국민들은 오직 '강요된 선택'만을 강제당합니다. 만약 이 강요된 선택을 거부하면 이제 '민주 시민'이 아니라면서 비난합니다.

直接
·
대의 민주주의는
과연
'민주주의적'인가?

民主主義

최근 우리 사회에서 이른바 '안철수, 박원순 현상'이 관심의
초점으로 부각되었습니다.

그것은 기성 정당에 대한 우리 사회의 반감 혹은 혐오가 과연
정당이란 무엇이고 민주주의란 무엇인가라는 근본적인 문제 제
기를 하도록 만들고 있지요.

한편 월가 점령 시위로 드러나고 있는 미국식 자본주의의 심
각한 위기 또한 미국식 대의 민주주의에 대한 엄중한 문제 제기
입니다.

과연 대의 민주주의는 민주주의 그 자체일까요?

그리고 그것은 민주주의와 등치될 수 있는 것일까요?

인간들은 사회적 과정에서 필연적으로 자신들이 속해 있는
각 층위層位 조직별로 자신들의 대표를 선출하게 됩니다. 이른바
'서구식 대의 민주주의 제도'는 다수의 정당에 의한 선거에 의하

여 대중들의 대표를 선출하는 방식입니다.

그러나 두 개, 혹은 몇 개의 정당만이 후보자를 내세우고 '자기들만의 경쟁'을 통하여 대표를 선출함으로써 결국 대중들을 수동적인 지위로 전락하게 만든다는 점에서 커다란 한계를 지닐 수밖에 없습니다. 더구나 그들 정당 대부분이 사실상 대자본의 영향력하에 강력하게 포섭되어 명백한 '계급적 한계'를 지니고 있다는 점에서 그 한계는 더욱 분명해집니다.

《자본주의, 사회주의, 민주주의Capitalism, Socialism and Democracy》(1942)의 저자인 조지프 슘페터(Joseph Alois Schumpeter)는 아예 "민주주의란 정치엘리트 간의 경쟁이다"라고 설파한 바 있습니다.

여기에서 슘페터의 지적은 매우 예리했지만, 그가 말하는 '민주주의'는 '대의제' 혹은 '오늘날 민주주의라고 불리는 것'이라는 용어로 대체되었어야 했습니다.

부르주아 민주주의 이데올로기로서의 대의제의 역사 _영국 대의제의 형성

그렇다면 대의 제도는 어떻게 만들어졌을까요?

원래 대의 제도는 영국과 프랑스에서 형성되어 발전하였습니다.

　　영국에서 대의 제도는 17세기에 형성되었는데, 당시 대의 기
관은 곧 의회를 말하고 있었지요. 의회, 즉 'Parliament'라는 말은
'의논하다'는 행위를 뜻하였으며, 이는 당시 영국에서 '대자문회
의大諮問會議'에서 벌어지는 귀족들의 논의를 의미하였습니다. 그
러나 이 의회는 군주제하에서 일종의 자문 기관에 불과하였고,
군주에 의하여 좌지우지되어 그 선출과 소집은 철저하게 군주의
의사로 결정되었지요.

　　그 뒤 명예혁명과 함께 의회의 발전이 이루어져 소위 의회 과
두제가 형성되었는데, 당시 의원 3분의 1 이상이 귀족이거나 이
에 준하는 계층이었고, 과거 의원을 배출한 가문에서 나온 의원
이 압도적 다수였습니다. 의회는 사실상 상류층의 클럽이었지요.

　　선거권도 일정한 재력을 지닌 남성으로 한정되었고, 귀족과
부호 들은 재력으로 그들을 매수하고 사회적인 힘을 행사하여,
위협으로 획득한 의원직은 금권 정치의 경향을 띠게 되었습니다.
1866년까지 선거권을 지닌 사람은 불과 100만 명으로 전체 인구
의 3퍼센트 수준이었지요. 이는 당시의 의회가 국민의 대의 기관
으로 기능하기보다 귀족과 부호들의 금권 정치를 유지시키는 데
이바지했다는 사실을 잘 보여 줍니다. 대의제를 부르주아 민주주
의의 이데올로기라고 비판하는 논거는 대의제가 지니는 이러한
발생사적 요인에 근거하고 있습니다. 영국에서의 대의 제도 역사

는 군주, 귀족, 부르주아, 하층민 간의 치열한 투쟁 속에서 군주
가 축출되고 하층민이 탄압받는 과정에서 형성·발전된 것이었
습니다.

이렇게 하여 영국에서의 대의 제도는 초기에 군주와의 투쟁
으로부터 비롯되어 점차 부르주아 계급에 의해 발전되었는데, 이
것이 대의 원리에 부합하게 된 것은 20세기에 들어 실현된 보통
및 평등 선거에 의해서였습니다.

당시 대의제를 옹호한 것은 의회를 장악하기 시작한 부르주
아들이었지요. 이들 부르주아들이 의회를 장악하여 국민의 대표
자임을 강조했을 때 그들은 국민 전체의 공공 이익을 추구하기보
다는 자신들의 이익을 추구하였고, 그러한 이익 추구의 수단으로
공직을 활용하였습니다. 이렇게 하여 대의제의 실현은 오로지 대
표자의 자비심과 양심에만 의존하여 그 기능을 수행할 수 있었지
만, 이후의 역사는 그와 정반대로 흘러갔습니다. 즉 이들 부르주
아 대표자들은 자비심과 양심은 거들떠보지도 않고 오직 자신들
의 특수 이익 추구에만 골몰했을 뿐이었지요.

국민을 혐오하고 귀족의 통치를 지향하다

당시 영국 대의제의 이념을 정립한 인물은 바로 버크(E. Burke)입

니다.

그리고 버크의 이 '대의 이론'은 현대적 대의 제도의 이념적 온상이 되었지요.

18세기 영국에서 맹위를 떨치고 있던 휘그주의(Whiggism, 의회 정치의 우월성을 강조한 이념)는 귀족적 과두제를 옹호했는데, 명예 혁명 후 의회가 강력한 힘을 가지면서 영국에서 지배적인 정치 이념으로 자리 잡았습니다. 이 휘그주의를 철저하게 반영하여 이론화했던 버크에 의하면, 의회란 군주 주권에 반대하여 정부를 창출해 낼 수 있는 다수를 만들어 주는 것을 담보하는 존재로서 그 구성원인 의원은 정치적으로 유효한 방법을 찾아내어 전체적인 공공복리를 실현시키는 사람으로 간주되었습니다.

따라서 의원은 공적인 업무의 수행을 위하여 어디까지나 독자성을 지닌 공인公人으로 행동해야 했습니다. 그는 특수 이익을 추구하는 선거민의 대리인이어서는 안 되며 선거민에게 기속羈束되어서는 안 되었지요. 이렇게 하여 버크는 이른바 '명령적 위임(imperatives Mandat)'을 사실상 포기하고 있습니다(선거에서 선출된 자가 선거민들의 요구에 따라야 하며 그 행위는 선거민들이 책임을 져야 한다는 원칙으로 기속 위임羈束委任이라고도 합니다. 이 용어의 반대어는 바로 자유 위임(freies Mandat), 혹은 무기속 위임이지요).

그에 따르면, 의원은 전체적인 공공복리의 실현을 위하여 집단적인 선거민의 명령적 위임이나 개인적인 개별적 선거민의 명령적 위임에 기속되어서는 안 되었습니다. 즉 의원은 선거로 선출된 후 자신의 선거구 내지 선거구민의 대리인이 아니라 전체 국민의 대표자로서 선거구민으로부터 독립되어야 한다는 것이었지요. 이를 위하여 통치란 이성에 맞게 통치권을 행사할 수 있는 미덕을 갖춘 자가 담당해야 하고, 국민은 이에 직접 개입하면 안 된다고 강조되었습니다.

이러한 버크의 주장은 결국 군주와 국민을 혐오하고 그로부터 거리를 둔 상태에서 귀족들에 의한 통치를 도모하고자 한 휘그주의의 기본 노선을 충실히 지키는 것이었지요. 당시의 의회 주권이라는 논리는 귀족들이 의회를 장악함으로써 군주를 견제하려는 의도와 함께 국민을 전혀 중요하지 않은 존재로 간주하려는 의도를 지니고 있던 것이었습니다.

결론적으로 영국 대의 제도는 17~18세기에 '군주 주권'만이 아니라 국민이 주권을 갖는 '국민 주권론'에 대해서도 투쟁적 이데올로기로서의 성격을 지니면서 결국 '의회 주권론'으로 결론지어졌습니다.

영국에서 초기에 대의제를 옹호한 것은 의회를 장악하기 시작한 부르주아들이었습니다.

이들 부르주아들이 의회를 장악하여 국민의 대표자임을 강조했을 때 그들은 국민 전체의 공공 이익을 추구하기보다는 자신들의 이익을 추구하였고, 그러한 **이익 추구의 수단으로 공직을 활용**하였습니다.

대의제의 실현은 오로지 대표자의 자비심과 양심에만 의존하여 그 기능을 수행할 수밖에 없었습니다.

直接

평의회 민주주의,
직접 민주주의의
모델

民主主義

국민을 배제시킨 프랑스 대의제의 역사

대의제가 지니는 부르주아적 성격은 프랑스에서 극명하게 드러나고 있습니다.

프랑스 혁명 과정의 최초 단계에서 봉건 군주 세력과의 투쟁을 위한 광범위한 반대 세력의 형성이 요구되었는데, 이때 출현한 것이 바로 제3신분이라고 불리던 국민 세력 연합이었습니다. 그런데 일단 군주 타도에 성공하자 혁명을 자신들의 헤게모니 안에서 재편성하려 했던 부르주아 세력과 철저한 신분 해방을 요구하는 이른바 제4신분이 서로 분열되어 대립하게 되었지요.

헌법 제정 국민회의가 중도 좌파인 부르주아 세력에게 완전 장악된 후 제4신분의 혁명적 요구는 저지당하였고 그들의 행동은 원천적으로 봉쇄되어 갔습니다. 1789년 10월 21일의 계엄법, 1790년의 파리 자치시 조직법, 1791년 7월 17일의 샹 드 마르스 학살, 1791년 7월 18일의 선동 금지법 등의 일련의 입법과 조치

들에 의하여 국민의 집화와 행동은 철저하게 저지되었고 국민의
이익은 처참하게 탄압을 받았습니다. 이러한 과정에서 대의제가
강력히 주장되었고, 1791년 헌법이 태어났지요.

결국 대의제 형성의 역사는 부르주아 세력이 헤게모니를 장
악하는 과정이었으며, 대의제가 지니는 이러한 특성은 프랑스에
서 가장 극명하게 드러났다고 할 수 있지요. 프랑스에서 대의제
는 부르주아 자유주의의 표상 그 자체였습니다. 프랑스에서 대의
제가 형성된 사실에 대하여 "국민에 대한 부르주아 계급의 우월
적 지배를 수립하고 확보하기 위한 것이었다"라고 지적한 것은
이러한 프랑스 대의제의 성격을 잘 표현해 주고 있습니다.

프랑스 대의제의 이러한 성격은 "국민 의사는 대표될 수 없
다"는 루소의 사상보다 시에예스(Sieyés)의 대의 사상을 받아들인
것이었습니다. 시에예스의 대의 사상은 직접 민주주의적인 여러
제도, 그중에서도 특히 의회 해산 제도, 의원에 대한 명령적 위
임, 국민 투표 제도, 국민 투표 형식을 통한 헌법 제정권의 행사
등을 제도적으로 배제하였지요. 이렇게 하여 주권자인 국민은 대
표자의 선출에 있어서만 주권자일 뿐, 구체적인 국가 의사의 결
정 과정에서는 소외되는 극단적인 대의 제도가 확립되었습니다.
이러한 '대의 전제주의'는 국민 투표를 통한 직접 민주주의 원리

에 대한 불신으로부터 비롯된 것으로 해석되고 있지요.

따라서 대의제가 지니는 일종의 '위장僞裝 민주주의적' 성격
은 그 출생 과정에서 이미 싹트고 있었던 것이었습니다.

탁월한 법학자 한스 켈젠(Hans Kelsen)도 그의 저서《민주주의
의 본질과 가치》에서 대의 제도의 한계에 대하여 다음과 같이 말
하고 있습니다.

"인민에 의하여 선출되기는 했지만 인민과는 다른 기관인 의
회가 국가 의사를 형성한다는 사실로 말미암아 민주주의 사상이
받게 된 적지 않은 침해를 은폐하려는 시도도 존재한다……. 사
람들은 마치 의회주의 안에서도 민주주의적 자유의 이념이 아무
런 손상도 받지 않고 나타날 수 있는 것처럼 보이고자 하였
다……. 하지만 대표 의제擬制는 의회주의로 말미암아 자유의 이
념이 받게 되는 현실적 내지 본질적 침해의 은폐를 목표로 하고
있으며, 이는 반대론자로 하여금 민주주의가 명백한 허위의 기초
위에 존립하고 있다는 논박을 할 수 있게 만들었다……. 즉 의회
에 의하여 형성되는 국가 의사는 전혀 인민의 의사가 아니며 의
회주의에서 의회 선거 행위를 제외하고 인민의 의사라는 것이 일
반적으로 성립할 수 없기 때문에 의회는 이미 인민의 의사를 표
현할 수 없다."

평의회評議會 민주주의

한편 사회주의 통치 구조에 있어 1871년의 파리 코뮌(Paris Commune)은 그 이념과 실현 형태의 모델로 평가되고 있습니다.

1871년의 파리 코뮌은 최소 행정 단위인 community와 그보다 큰 district, town 등에 수립되었습니다. 코뮌은 보통 선거 제도에 의하여 선거구민으로부터 선출된 자치 의원들로 구성되었는데, 그들 대부분은 노동자나 노동자에 의하여 인정받는 사람들이었습니다. 이러한 코뮌은 단순한 의회에 머물지 않고 입법 기능과 함께 집행 기능도 수행하였습니다.

코뮌에서는 모든 관리들이 국민에 의하여 직접 선출되었으므로 항상 국민에 대하여 책임을 지고 있었습니다. 재판 업무를 수행하는 관리 역시 국민에 의하여 선출되었고, 국민에 의하여 소환되는 지위에 있었지요. 그리고 이러한 코뮌의 관리들은 노동자들의 임금과 같은 보수를 받았습니다. 하위 행정 단위 코뮌은 상위 행정 단위 코뮌에 대리인(delegate)을 파견하였고, 이러한 대리인의 파견은 상위 행정 단위 코뮌으로 순차적으로 이어졌지요.

그리하여 파리의 전국 대표 회의는 이렇게 파견되어 온 대리인들로 구성되었습니다. 이러한 대리인들은 물론 자신들의 선거구민들에 의하여 지시를 받고 소환되었지요. 즉 명령적 위임 관계가 존재하였습니다. 이러한 조직 형태는 결국 오늘날의 노조 조직과 유사하다고 보면 됩니다.

　이러한 코뮌의 구조는 공적 업무를 수행하는 공적 기관을 가진다는 점에서 철저한 직접 민주주의와 다르지만, 공적 업무를 수행하는 자를 국민이 직접 선출하고 그러한 공적 업무 담당자와 국민 사이에 명령적 위임 관계를 설정한다는 점에서 대의제와 본질적으로 상이하다는 사실을 알 수 있습니다.

　이러한 파리 코뮌 이념을 계승하는 사회주의 정치 체제는 혁명기에 나타난 평의회 형태를 토대로 하여 이른바 평의회 민주주의(Rätedemokratie, 평의회 민주주의를 위원회제 민주주의라고도 부른다)의 이념을 형성시켰습니다.

　여기에서 평의회 민주주의란 국민들에 의한 직접적인 자기 통치(Selbstherrschaft)를 추구하며, 국민에 의하여 선출된 평의회가 입법권과 행정권을 통합적으로 행사합니다. 즉 대의 제도와 달리, 권력 분립의 원칙이 아니라 권력 통합의 원칙에 토대를 두고 있지요. 최하위 단위의 평의회에서만 위원委員이 국민에 의하여 직접 선거로 선출되며, 전국 평의회는 지역 평의회의 간접 선거에 의하여 구성됩니다.

선출되지 않은 권력의 월권越權

이러한 평의회는 국민의 위임 사항에 엄격하게 기속되므로 다른 관리와 마찬가지로 언제든 국민에 의하여 소환되는 명령적 위임 관계를 내용으로 합니다. 위원은 일반적으로 직능 단위에서 선출되며, 직업 공무원 제도나 종신제는 인정되지 않지요. 법관 역시 국민의 선거에 의하여 선출되고 자신의 행위에 책임을 지며 국민에 의하여 해임됩니다.

그러니 이 평의회 민주주의에서는 국회의원을 비롯하여 무소불위의 검찰 그리고 '철밥통' 공무원도 모두 국민의 뜻을 받들어 수행하지 못하면 소환되고 해임되는 것이지요. 사실 검찰이나 법원 그리고 헌법 재판소와 같은 국민에 의하여 선출되지 않고 단지 '고시'라는 시험 제도에 의하여 선발된 권력이 오늘날처럼 엄청난 힘을 발휘하는 것은 엄밀한 의미에서 말하면 명백한 월권越權으로, 민주주의 정신에 위배됩니다. 따라서 이들 기구 역시 국민에 의한 직접 선출 요소를 최대한 가미함으로써 국민에 의한 통제와 국민의 자기 통치가 이루어져야 할 것입니다.

그러나 이러한 평의회 민주주의는 혁명기의 특수한 시기에만 구현되었을 뿐, 현실 사회주의 국가에서 혁명적 엘리트의 지도와 당 독재 논리에 의하여 사라지고 말았으며, 국민 소환 역시 마찬가지입니다.

평의회 민주주의에서는 국회의원을 비롯하여 무소불위의 검찰 그리고 '철밥통' 공무원도 모두 국민의 뜻을 받들어 수행하지 못하면 소환되고 해임되는 것이지요.

사실 검찰이나 법원 그리고 헌법 재판소와 같은 국민에 의하여 선출되지 않고 단지 '고시'라는 시험 제도에 의하여 선발된 권력이 오늘날처럼 엄청난 힘을 발휘하는 것은 엄밀한 의미에서 말하면 명백한 '월권'으로, 민주주의 정신에 위배됩니다.

4.

미국식
민주주의의
성격

처음 미국에 건너간 이주민들은 같이 배를 타고 와 정착한 동료들과 생활의 근거지를 형성하였는데, 이것이 곧 타운(town, 마을)이었습니다. 인구가 약 2~3,000명에 이르렀던 타운에서 주민과 밀접한 업무는 자신들의 손에 의하여 마을 집회(town-meeting)에서 직접 결정 방식으로 처리되었지요.

주민들이 직접 처리할 수 없는 업무는 마을에서 선출된 사람들에 의하여 처리되었는데, 그들은 주민들이 위임한 실무적인 일만 처리하였을 뿐, 공적인 일에 대한 판단은 주민들의 직접 투표로 결정하였습니다. 타운에는 주요 행정 기능을 수행하는 다수의 관리들이 있었는데, 이들 역시 마을 집회에서 직접 선출되었고 그 공적 업무에 충실하지 못하면 책임이 뒤따랐습니다.

이러한 주민 자치 제도는 특히 뉴잉글랜드(New England)에서 1650년에 확고하게 정착되었고, 타운의 독립성 역시 확고부동하게 자리 잡았습니다.

루소는 정부의 형태를 민주정, 군주정 그리고 귀족정으로 구분했습니다. 그리고 그는 민주정의 한계에 대하여, "민주정이라는 말의 의미를 엄밀하게 해석한다면, 진정한 민주정은 지금까지 존재하지 않았고, 앞으로도 결코 존재하지 않을 것이다……. 만일 신神들로 이뤄진 인민이 있다면, 그 인민은 민주정을 택할 것이다. 하지만 이만큼 완전한 정부는 인간에게는 적합하지 않다"고 지적하였습니다.

한편 귀족 정치에 대하여 루소는 "가장 현명한 사람들이 그들 자신의 이익을 위해서가 아니라 대중의 이익을 위하여 정치를 한다면, 이러한 (귀족정) 제도는 가장 훌륭하고 가장 자연스러운 제도다"라고 평가하였습니다.

흥미롭게도 몽테스키외도 그의 저서 《법의 정신》에서 민주 정치의 근본을 덕德이라고 지적하였지요. 그리스의 대철학자 플라톤도 철인왕哲人王에 의한 아리스토크라티아(Aristokratia, 우수자 지배제)라는 일종의 귀족 정치를 주장했습니다. 몽테스키외와 플라톤의 이러한 정치는 중국에 있어 '이덕치국以德治國'의 왕도 정치와 궤를 같이하는 것이지요.

정치란 결국 국민들의 대표 혹은 지도자를 어떻게 선출하는가의 문제로 요약될 수 있습니다. 플라톤은 정치의 목적은 정의의 실현이고 이를 가장 잘 인식하고 있는 철학자가 통치하는 '철인 정치'가 실천되는 국가를 이상적 국가로 간주하였습니다.

루소는 대의 제도에 부정적이었으며 따라서 영국 의회 민주주의 제도에 대해서도 신랄한 비판을 가했습니다.

"주권은 양도될 수 없다는 동일한 이유에 의하여 대표될 수도 없다. 따라서 대의원은 국민의 대표가 아니며 대표자가 될 수도 없다. 그들은 국민의 대리인일 뿐이다. 국민이 직접 인준하지 않은 모든 법률은 무효이며 법률이 아니다. 영국인들은 스스로 자유롭다고 생각하지만, 그것은 착각이다. 그들은 의회의 의원을 선거할 기간만 자유로울 뿐이다. 의원을 선출하고 나면 곧 그들의 노예로 전락한다."

루소는 인민의 주권은 대표될 수도, 양도될 수도 없다고 주장했으며, 이는 결국 입법권을 대의제 의회에 위임할 수 없다는 점을 설명하는 것이었습니다.

차별성 없는 미국의 두 정당

세계적인 석학 노엄 촘스키 매사추세츠 공과대학(MIT) 명예 교수는 민주당과 공화당으로 나눠진 미국의 정당 체제에 대하여 "기업의 이익을 대표한다는 측면에서 사실 1당 체제다"라고 날카롭게 지적하였습니다.

　그는 미국을 '국가 자본주의(state capitalism)' 체제로 규정하면서 이러한 체제하에서 일반 대중들은 통제당하고 주변화된다고 분석합니다. 그리고 이와 같은 양상은 특히 미국과 같이 기업들의 주도력이 강한 사회에서 더욱 뚜렷하다면서 선거에서 홍보 대행 산업이 활개를 치는 것은 대중을 통제하고 주변화하는 대표적인 사례라고 역설합니다.

▶▶▶ **국가 개황** (미국)

지도	국기

인구	307,007,000명(2009)
면적	9,161,920 km²
민족	백인: 80%, 히스패닉: 15.1%, 흑인: 12.9%, 아시아인: 4.4%, 기타: 2.8%
언어	영어: 82.1%, 스페인어: 10.7%, 기타: 7.2%
종교	개신교: 51.3%, 천주교: 23.9%, 몰몬교: 1.7%, 유대교: 1.7%
경제규모	GDP: 14조 1,190억 달러(2009)
경제수준	1인당 GNI: 46,360달러(2009)
정부형태	대통령제(연방공화제)
의회	양원제 - 상원(Senate): 100석 - 하원(House of Representatives): 435석
정당별 의석 비율	〈상원〉(기준: 2010년 11월 선거결과) - 민주당(Democratic Party): 53석(53%) - 공화당(Republican Party): 47석(47%) 〈하원〉(기준: 2010년 11월 선거결과) - 민주당(Democratic Party): 193석(44.4%) - 공화당(Republican Party): 242석(55.6%)

그에 따르면, 미국의 경제는 1970년대에 극적인 변화가 있었는데, 바로 금융화와 상품 수출이 강화되는 방향이었습니다. 여기에 부의 집중, 인구의 1퍼센트에 부가 몰리는 과격한 악순환을 조장하는 다양한 요소들이 결합되었지요. 이에 따라 정치력 집중도 초래되었으며, 경제 집중을 유도하는 국가 정책들이 쏟아졌고, 그러면서 정당들은 자연스럽게 자본의 휘하에 끌려갔다는 것입니다.

이 점에서 촘스키 교수는 공화당은 물론 민주당도 별로 다르지 않다면서 미국의 차별성 없는 양당의 성격을 분명히 드러내

▶▶▶ 의회 선거 제도

상원(Senate)		
의장	임기	4년(현재: 2009년 1월 ~ 2012년 12월)
	선출 방법	- 부통령이 상원의장으로 선출
의원	임기	6년(2년마다 1/3씩 교체)
	선출 방법	- 다수대표제(직접선거) • 각 주에 2인씩 배정하여 직접선거로 선출
하원(House of Representatives)		
의장	임기	2년(현재: 2011년 1월 ~ 2012년 12월)
	선출 방법	- 하원의원의 투표로 선출
의원	임기	2년(현재: 2010년 11월 ~ 2012년 10월)
	선출 방법	- 다수대표제(직접선거) • 인구비례에 의해 의석배분하여 직접 선거로 선출

주고 있습니다.

　또한 사회철학자 존 듀이도 일찍이 "정치란 대기업들이 사회에 던진 그림자"라고 규정하고 이러한 상황은 "언론 등 정치 선동의 수단을 지휘하면서 은행과 부동산, 산업을 사적으로 통제함으로써 사적인 이윤을 추구하는 기업들"에 권력이 있는 한 계속될 것이라고 예측하였습니다.

　2001년 노벨경제학상 수상자인 석학 조지프 스티글리츠 컬럼비아 대학 교수는 미국 사회가 겉으로는 민주주의가 가장 잘 발전된 국가이자 공정한 사회의 모델로 자부하고 있지만, 실제로는 '1퍼센트의, 1퍼센트에 의한, 1퍼센트를 위한' 국가일 뿐이라고 신랄하게 비판하였습니다.

　그는 이 글에서 "미국 의회 의원 대부분은 선출되는 순간 상위 1퍼센트의 돈으로 유지되는 상위 1퍼센트의 멤버들이 되며, 무역과 경제 정책의 핵심 고위 관료들은 대체로 상위 1퍼센트 출신들이다. 또한 미국의 대법원은 선거 비용 지출 제한을 철폐함으로써 기업이 정부를 돈으로 움직일 권리를 인정하는 판결을 내렸다"고 지적하고 있지요.

　미국에서는 개방형 경선과 선거를 치르는 과정에서 엄청난 자금이 소요되므로 특혜 정책을 위하여 돈을 제공할 능력이 있는 대기업의 정치 자금 기부가 기부 액수만큼의 영향력을 발휘하도록 되어 있습니다. 미국 정치 제도는 기업들의 로비 자금에 의하여 운용되고 있는데, 이로 인하여 정작 교육, 의료, 에너지 등 대중들의 삶에 결정적으로 중요한 사회 경제 분야는 점점 관심을 받지 못하게 됩니다.

미국의 양당 제도, 위기의 주요한 요인

미국의 양당 제도는 이제까지 오랫동안 미국 정치의 장점으로 역할을 해 왔습니다.

그러나 다원화되는 사회 계층의 이해와 다양화되는 사회 문제를 포괄해 내는 데 경직성을 노정시키면서 오히려 미국 쇠퇴의 한 요인으로 작동하고 있다고 볼 수 있습니다. 이와 달리 독일과 프랑스의 경우에는 상대적으로 광범위한 대중을 토대로 하는 사회당의 존재에 의하여 대중들의 이해가 보다 강력하게 정당 정치에 반영됨으로써 그만큼 정치적, 사회적 안정성을 지니고 있다고 볼 수 있지요. 민주주의에서 다수결의 원칙 못지않게 소수 의견에 대한 존중 역시 중요합니다. 이 점에서 독일의 정당 명부 제도는 소수 정당의 존립 근거를 마련해 줌으로써 사회의 다양성을 인정하고 사회의 소수 그룹을 존중한다는 점에서 바람직한 제도

▶▶▶ **국가 개황**(독일)

지도	국기

인구	81,879,976명(2009)
면적	348,770 ㎢
민족	독일계: 91.81%, 터키계: 2.03%, 기타: 6.16%
언어	독일어
종교	무종교: 34.6%, 천주교: 30.5%, 개신교: 29.5%, 이슬람교: 4.9%, 기타: 0.5%
경제규모	GDP: 2조 9,696억 달러(2009)
경제수준	1인당 GNI: 42,450달러(2009)
정부형태	의원내각제
의회	양원제 – 상원(Federal Council): 69석 – 하원(German Bundestag): 598석
정당별 의석 비율	〈상원〉(기준: 2011년 3월 14일 현재 67석) – 기독교민주연합(Christian Democratic Union): 23석(34.85%) – 기독교사회연합(Christian Social Union): 4석(6.06%) – 자유민주당(Free Democratic Party): 10석(15.15%) – 사회민주당(Social Democratic Party): 22석(33.33%) – 좌파정당(The Left): 3석(4.55%) – 녹색연합(The Greens/Alliance(90)): 2석(3.03%) – 무소속: 2석(3.03%) 〈하원〉(기준: 2011년 3월 7일 현재 621석) – 기독교민주연합(Christian Democratic Union): 238석(38.33%) – 사회민주당(Social Democratic Party): 146석(23.51%) – 자유민주당(Free Democratic Party): 93석(14.98%) – 좌파정당(The Left): 76석(12.24%) – 녹색연합(The Greens/Alliance(90)): 68석(10.94%)

라 할 것입니다. 한편 미디어 재벌 총수이자 기업주였던 이탈리아의 실비오 베를루스코니(Silvio Berlusconi)는 사실상 돈과 미디어의 힘으로 총리 자리를 산 것이나 다름없습니다.

특히 대의 민주주의의 '완벽한' 절차를 통하여 합법적으로, 그것도 두 번 계속하여 선출된 조지 부시 미국 대통령은 '민주적인' 절차를 거쳐 이라크 침공이라는 부도덕한 전쟁을 일으킴으로

▶▶▶ 의회 선거 제도

상원(Federal Council)		
의장	임기	1년(현재: 2010년 11월 ~ 2011년 10월)
	선출 방법	– 투루누스(Turnus) 협정에 의하여 인구수에 따른 각 주의 순번을 정하고, 해당 순번이 된 주의 주지사가 상원의장이 됨
의원	임기	없음
	선출 방법	• 상원은 각 주의 주지사와 주장관 들로 구성됨 • 상원 의원은 각 주에서 임명하고 해임함 • 현재 상원은 69석으로 각 주의 인구수에 따라서 배정의석수가 다름 • 상원의원의 임기는 정해져 있지 않으며, 다만 각 주의 주선거에서 정권교체로 새로운 주정부가 들어서면 하원 또한 새로운 의원으로 교체됨
하원(German Bundestag)		
의장	임기	4년(현재: 2009년 10월 ~ 2013년 10월)
	선출 방법	– 하원 총선거 후 임기개시를 위한 본회의에서 의원들의 직접선거를 통하여 다수득표자를 하원의장으로 선출 – 임기개시를 위한 본회의는 의원 중 최고령자가 회의진행 – 법률적 규정은 없지만, 바이마르공화국(Weimar Republik) 이후로 보통 다수당에서 하원의장을 배출하는 것이 관례임
의원	임기	4년(현재: 2009년 10월 ~ 2013년 10월)
	선출 방법	– 혼합대표제(직접선거) • 지역구 의원 299석, 정당명부제 299석 총 정원 598석 • 제1투표로 지역구 의원을 선출하는데, 지역구 의원은 299개 선거구에서 유권자의 투표로 다수득표자 1인을 선출하는 소선구제를 채택하고 있음 • 제2투표는 정당명부제에 의한 비례제를 채택하고 있음 • 정당명부는 각 정당마다 주단위로 작성하여 선거관리위원회에 제출

▶▶▶ 국가 개황(프랑스)

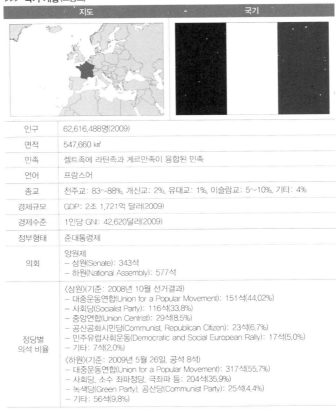

지도	국기

인구	62,616,488명(2009)
면적	547,660 ㎢
민족	켈트족에 라틴족과 게르만족이 융합된 민족
언어	프랑스어
종교	천주교: 83~88%, 개신교: 2%, 유대교: 1%, 이슬람교: 5~10%, 기타: 4%
경제규모	GDP: 2조 1,721억 달러(2009)
경제수준	1인당 GNI: 42,620달러(2009)
정부형태	준대통령제
의회	양원제 – 상원(Senate): 343석 – 하원(National Assembly): 577석
정당별 의석 비율	〈상원〉(기준: 2008년 10월 선거결과) – 대중운동연합(Union for a Popular Movement): 151석(44.02%) – 사회당(Socialist Party): 116석(33.8%) – 중앙연합(Union Centrist): 29석(8.5%) – 공산공화시민당(Communist, Republican Citizen): 23석(6.7%) – 민주유럽사회운동(Democratic and Social European Rally): 17석(5.0%) – 기타: 7석(2.0%) 〈하원〉(기준: 2009년 5월 26일, 공석 8석) – 대중운동연합(Union for a Popular Movement): 317석(55.7%) – 사회당, 소수 좌파정당, 극좌파 등: 204석(35.9%) – 녹색당(Green Party), 공산당(Communist Party): 25석(4.4%) – 기타: 56석(9.8%)

써 미국식 민주주의를 세계적인 비웃음거리로 만들었지요. 최근 극심한 미국 정부의 재정 위기를 극복하기 위하여 부자들에 대한 감세 여론이 비등한 가운데에서도 공화당 일부 의원들이 거꾸로 하층민들에 대한 감세 정책을 후퇴시키려는 시대착오적인 모습을 보이는 데에 이르러서는 과연 미국식 민주주의란 무엇인가라는 회의가 제기될 수밖에 없습니다.

▶▶▶ **의회 선거 제도**

상원(Senate)		
의장	임기	3년(현재: 2008년 10월 ～ 2011년 9월)
	선출 방법	- 3년마다 상원의 부분적인 개선 후에 소집된 정기국회에서 무기명 투표로 과반수 득표자를 선출함 - 1차 및 2차 투표에서 과반수 득표자가 없으면, 3차 투표를 실시하여 최고득표자가 의장으로 선출됨
의원	임기	6년(현재: 2008년 9월 ～ 2011년 9월) 3년마다 의원의 1/2이 개선됨
	선출 방법	- 혼합대표제(간접선거) • 전국을 128개의 선거구로 나누고 선거인단에 의한 간접선거로 331인을 선출함
하원(National Assembly)		
의장	임기	당해 입법회기 기간으로 최장 5년(2007년 10월 ～ 2012년 9월)
	선출 방법	- 원 구성 후 제1차 본회의에서 무기명 투표로 과반수 득표자를 선출함 - 1차 및 2차 투표에서 과반수를 획득한 후보자가 없으면 3차투표를 실시하여 최고득표자가 의장으로 선출됨
의원	임기	5년(현재: 2007년 10월 ～ 2012년 9월)
	선출 방법	- 다수대표제(직접선거) • 국내 555개, 해외 22개 소선거구에서 577인을 선출함 • 1차 투표에서 유효 투표의 과반수를 획득한 후보의 득표수가 전체 선거구 등록선거인의 1/4인을 넘으면 결선투표없이 당선됨. 그렇지 않으면 전체 유효 투표 중 12.5%이상을 획득한 후보자들이 참여하는 2차 결선투표를 실시함

▶▶▶ **국가 개황**(영국)

지도	국기

인구	61,838,154명(2009)
면적	241,930 ㎢
민족	백인(English 83.6%, Scottish 8.6%, Welsh 4.9%, Northern Irish 2.9%): 92.1%, 흑인: 2%, 인디안: 1.8%, 파키스탄인: 1.3%, 혼혈인: 1.2%, 기타: 1.6%
언어	영어
종교	성공회: 71.6%, 이슬람교: 2.7%, 기타: 25.7%
경제규모	GDP: 2조 2,568억 달러(2009)
경제수준	1인당 GNI: 42,370달러(2009)
정부형태	의원내각제(입헌군주제)
의회	양원제 - 상원(House of Lords): 733석 - 하원(House of Commons): 650석
정당별 의석 비율	〈상원〉(기준: 2011년 3월 1일) - 보수당(Conservative Party): 219석(27.7%) - 노동당(Labour Party): 242석(30.6%) - 자유민주당(Liberal Democrats): 94석(11.9%) - 성직귀족(Bishops): 25석(3.2%) - 무소속: 183석(23.1%) - 기타: 29석(3.7%) 〈하원〉(기준: 2011년 3월 4일) - 보수당(Conservative Party): 305석(47.3%) - 노동당(Labour Party): 255석(39.5%) - 자유민주당(Liberal Democrats): 57석(8.8%) - 웨일스 민족당(Plaid Cymru): 3석(0.5%) - 스코틀랜드 국민당(Scottish National Party): 6석(0.9%) - 민주연합당(Democratic Unionist Party): 8석(1.2%) - 신페인당(Sinn Fein): 4석(0.6%) - 사회민주노동당(Social Domocratic & Labour Party): 3석(0.5%) - 녹색당(Green Party): 1석(0.2%) - 연합당(Alliance Party): 1석(0.2%) - 무소속: 2석(0.3%) - 기타: 의장 1석, 부의장 3석, 공석 1석

▶▶▶ **의회 선거 제도**

상원(House of Lords)		
의장	임기	5년(현재: 2006년 7월 ~ 2011년 7월)
	선출 방법	– 다수 득표자
의원	임기	종신
	선출 방법	– 세습과 임명제 • 세습적인 신분이나 여왕의 임명으로 선출됨
하원(House of Commons)		
의장	임기	5년(현재: 2010년 5월 ~ 2015년 4월)
	선출 방법	– 다수 득표자
의원	임기	5년(현재: 2010년 5월 ~ 2015년 4월)
	선출 방법	– 다수대표제(직접선거) • 소선거구에서 1위 대표제로 650인을 선출함

　　선거 제도를 토대로 한 권력 장악에만 몰두하는 정당 정치의 탐욕과 그로 인한 총체적 무능 역시 대단히 커다란 문제점으로 지적되어야 할 것입니다. 오늘날 미국이나 영국 등의 이른바 자본주의 모범 국가의 정치권은 국가 부채는 쌓여 가고 빈부 격차는 확대일로이며, 경제 침체가 가속화되고 있는 상황에서도 대응책을 모색하여 국가 경제를 살리려고 노력하기보다는 오로지 눈앞의 선거 승리에 눈이 어두워 권력 투쟁의 정쟁만 일삼고 있습니다. 그로 인하여 위기 상황은 더욱 심화되고 있으며, 이에 대한 대중적 분노는 월가 시위 등에서 잘 드러났지요.

《월스트리트저널》에 따르면, 2011년 8월 실시된 여론조사 결과 미국인 응답자의 57퍼센트가 제3당의 출현 필요성을 제기하였습니다. 또 유권자의 절반인 51퍼센트가 제3후보에게 투표할 의향이 있다고 대답하였습니다. 이렇게 미국도 변하고 있습니다.

제프리 삭스(Jeffrey Sachs) 미국 컬럼비아 대학 교수는 "레이건 정부는 부자들에게 세금을 덜 내게 하고, 군사비 등을 제외한 공공 서비스와 공공 투자를 줄였다"라며 미국 사회는 이러한 (신자유주의의) 레이거노믹스 시대 이래 상위 1퍼센트의 소득은 지속적으로 증가한 반면 나머지의 소득은 계속 정체되고 끔직한 실업에 시달렸다고 비판합니다. 그는 "다가올 시대의 중요한 도전은 99퍼센트의 번영을 이룩하고 그들의 힘을 회복하는 것"이라고 주장하지요.

우리가 인정할 수밖에 없는 중요한 또 한 가지 사실은 일반적으로 선거에 의하여 선출된 권력은 국가 발전과 국민의 복리를 위한 장기적이고 종합적인 전략과 정책보다는 눈에 보이는 단기적이고 현시적인 업적과 성과를 추구하는 경향성을 선호하게 된다는 점입니다.

즉 장기적인 국민 생활 수준의 개선이나 국가 백년대계인 교육이나 학문의 질적 개선과 같이 눈에 확실하게 보이지 않는 정책보다는 호화 청사를 비롯한 건설 공사나 불요불급한 도로 건설, 나아가 엄청난 부채를 후유증으로 남기는 국제 체육 대회 유치 등과 같이 가시적인 성과에 집착하기 쉽게 된다는 것이지요.

우리나라의 과거 서울 지역 국회의원 선거에서 주민들이 뉴타운 건설이라는 단기적 탐욕에 의한 투표 성향을 여실히 보여 준 바에서 나타난 것처럼 개발과 건설이 아니라 환경 보호를 주창하는 후보자는 선거에서 승리하기 어렵게 됩니다. 결국 장기적인 국리민복에의 지향이 아니라 필연적으로 자원 및 예산 낭비와 유실을 초래할 수밖에 없지요. 이는 선거라는 시스템이 지니는 심각한 약점이 아닐 수 없습니다.

直接
·
대의 제도는
간접 민주주의의
한 형태
民主主義

명령 위임과 자유 위임

대의 민주주의 제도는 결국 부르주아 민주주의로 고착되었습니다.

그리고 이 과정은 대의제에 관한 이론이 선행된 것이 아니라 서구에서 역사적으로 실현되었던 하나의 정치적 제도를 설명하는 것이었지요.

민주주의란 국민의 정치 참여에 의하여 자유, 평등, 정의라는 기본 가치를 실현시키고 국민으로 하여금 자신의 문제에 대하여 스스로 결정하게 하는 국민의 통치 형태입니다. 따라서 이러한 민주주의 정신을 실현하는 가장 정확한 방법은 직접 민주주의입니다. 흔히 대의제를 민주주의와 등치시키지만, 근본적으로 말하면 대의제는 통치 기구의 구성 원리, 또는 국가의 의사 결정 원리로서 민주주의의 하위 체계일 뿐이지요. 그것은 권력 분립, 선거 제도, 정부 형태, 지방 자치 제도 등과 같은 민주주의의 여러 형식 원리 중 하나에 지나지 않습니다.

따라서 어법상 직접 민주주의는 직접 결정 방식, 간접 민주주의는 간접 결정 방식 또는 대의제라고 불러야 정확하다고 할 것입니다. 한편 의회 민주주의란 의회 중심의 통치 질서로 파악되는 것으로서 엄밀한 의미에서 정부 형태와 관련된 개념이며, 이는 단지 대의제의 한 형식에 속할 뿐입니다.

특히 선거로 선출된 의원은 특정 선거구민이 아니라 전체 국민을 대표하고 전체적인 공공복리를 추구해야 한다는 대의제의 이론은 명령 위임을 부정하고 자유 위임을 주창하고 있는바, 이는 국민 세력을 배제시키면서 그와 유리되어 결국 부르주아 계급의 이익에 봉사하는 이데올로기로 기능해 왔다고 할 것입니다. 대의제가 지니는 이러한 성격은 프랑스와 영국 대의제의 역사에서 잘 드러나고 있지요.

결국 부르주아 세력은 국민 세력을 동원하여 군주를 타도한 뒤 자신들 정파 간의 무력적 권력 투쟁을 선거를 통한 정당 간의 권력 교대 혹은 경쟁이라는, '대의제'의 평화적이고 합법적인 기제를 창출해 낸 것이었습니다. 그리고 여기에서 선거를 통해 선출된 대표자(의원)는 특정 선거민이 아니라 '추상적으로' 전체 국민을 위한 전체 이익을 추구해야 하며, 국민에 대한 책임을 지는 명령 위임을 배제하는 것이 대의 민주주의라는 이데올로기를 만들어 냈지요.

그러나 명령 위임을 배제시킨 바로 그 순간, 선출된 대표자는 국민에게 봉사하는 위치에서 국민 위에 군림하는 위치로 자리매김을 하게 되었습니다.

"국민 당신들은 자치 능력이 없다." _ 대의 제도의 편견

여기에서 전체 국민은 실체가 없는 관념적 존재일 뿐입니다.

대의 관계에서 대표되는 실체는 없으며 대표하는 행위도 존재하지 않습니다. 대의 관계에서 존재하는 것은 오직 국민이 대표자를 선출하는 행위와 대표자가 자기 스스로 결정하고 행동하는 행위뿐입니다. 그리고 대표자의 이러한 행위는 '전체 국민이라는 이름'으로 정당화되고 그리하여 국민을 구속하게 되는 것입니다.

다시 말해, 대의제에서의 대표자란 더 이상 선거민의 단순한 대변자가 아니며 대리인(Agent)이나 수임자(Kommissar)도 아닙니다. 그는 '전체 국민'의 대표자이기 때문에 '공명정대'하게 행동해야 하며, 이를 위해서는 그의 결정과 판단에 영향을 주는 어떠한 힘으로부터도 독립되어야 한다고 주장합니다. 물론 이러한 논리의 배경에는 탁월한 인물이 무지몽매한 국민의 의사나 명령에 따른다는 것은 당치도 않다는 의식이 깔려 있었습니다. 그들의 이러한 시각에서 보면, 국민들은 오직 자신들을 뽑을 '권리' 혹은 '자유'가 있을 뿐 통치는 자신들처럼 탁월하고 고귀한 사람들만이 담당할 고유 영역이라는 것입니다. 마치 일제 식민지 시대 일본이 우리 민족은 자치 능력을 가지고 있지 못하다고 강변하던 것과 너무도 흡사한 논리이지요.

역사적으로 시민 혁명은 부르주아 혁명으로 마무리되었고 국민 세력은 탄압을 받아 그 힘을 잃게 되었습니다. 이 과정에서 대의제는 굳건한 통치 원리로 정착되기에 이르렀지요. 이렇게 하여 국민이 직접적인 결정을 내리는 것이 아니라 대표자를 통하여 간접적으로만 정치적 결정에 참여하며, 따라서 당연히 통치자와 피치자가 별개의 존재로 나누어지게 되었습니다. 결국 이렇게 통치자와 피치자가 구별된다는 사실은 결국 대의제가 국민의 자기 통치를 통한 민주주의 실현을 부인하는 것입니다. 그러므로 대의제는 '국민에 의한(by the people)' 통치를 의미하는 것이 아니고 대의 기관에 의한 통치를 의미합니다.

'사마귀 유치원'의 코미디

이러한 대의제에서는 무엇보다도 대표자의 독립성 보장이 강조됩니다.

왜냐하면 대표자는 국가 의사 결정에 있어서 항상 피치자被治者보다 탁월한 능력이 있으므로 대표자가 피치자로부터 독립성이 보장되지 않으면 대표자의 올바른 결정에 장애가 초래된다는 것이지요.

잠깐 생각해 봅시다.

지금 우리의 국회의원들이 과연 국민들보다 그렇게 '탁월한' 것일까요? 모두가 궁금해하는 사실은 왜 밖에서는 상당히 똑똑하고 능력 있으며 도덕적이었던 사람도 국회에만 들어가면 갑자기 좀 '모자라고' 무능하며 자기 이익만 아는 사람으로 변하느냐라는 점입니다. 이렇듯 모든 사람이 너무도 잘 알고 있는 '상식'을 재미있게 풍자한 '사마귀 유치원'의 어느 개그맨을 국회의원을 모욕했다며 어느 국회의원이 고소했던 사건은 이 시대의 가장 우습고도 슬픈 코미디가 아닐 수 없습니다.

여기에는 국민의 특수 이익보다는 일반 이익, 즉 전체 이익이 존중되어야 하며, 무엇이 전체 이익인가에 대해서는 오직 대표자만이 결정할 수 있다는 논리로 연결됩니다.

물론 이 과정에서 대표자에 대한 국민의 통제는 관심 밖의 문제로 전락합니다. 그리하여 대의제는 이른바 '대의 원리'에 근거하여 대표자만이 정책 결정의 권한을 가지게 됨으로써 정치적 의사 결정 과정은 명망가인 대표자에게 독점되었지요. 결국 이러한 명망가 중심의 이른바 '명망가(혹은 명사名士) 민주주의'의 통치가 대의제의 근간을 이루고 있는 것입니다.

명망가에 독점된 이러한 배타적 결정권은 전체 이익에 기초하여 행사되기보다는 대표자 자신들의 시각에서 그리고 자신들과 관련된 이익에 의하여 행사되기 쉽습니다. 나아가 이들 대표자는 반드시 뛰어난 자질에 의하여 대표자의 지위에 오르는 것이 아니라 경제적 재산과 사회적 영향력 그리고 그를 앞세운 배후 세력의 사회 경제적인 힘에 의거하는 경우가 대부분입니다.

현대 대의제가 지니는 이러한 성격은 과연 대의제가 전체 이익, 즉 공공복리를 실현시킬 수 있는가, 대의제하에서 특수 기득권의 부분 이익(특수 이익)의 지배로부터 과연 공적公的 업무의 공공성 보장이 가능할 수 있는가라는 근본적인 문제 제기를 불러일으키고 있습니다.

결국 대의제란 대표자의 활동에 따르는 위험성에 대한 담보가 오직 대표자의 양심과 인격에만 맡겨지고 있으며, 대부분의 경우 그 대표자의 양심과 인격은 개인적이고 집단적인 이익 추구로 변질됩니다. 이것은 대의제가 지니는 근본적인 제도적 허약성입니다. 바로 이 점 때문에 루소는 대의제하의 국민은 대표자를 선출할 때만 자유로울 뿐 선거가 끝나면 곧바로 노예 상태로 전락한다고 신랄하게 비판한 것이었지요.

그러므로 대의제 민주주의는 공공선公共善이나 일반 의사의 지배가 아니라 정당 또는 정치인의 '부분 의사'가 지배하는 부르주아 민주주의였습니다. 다시 말하면, 현대 자유 민주주의는 특정 집단의 이익과 가치가 특정 정당에 의하여 대표되는, 즉 '부분 의사'가 대표되는 민주주의라는 것이지요. 그리고 이러한 '최소주의적' 대의제 민주주의 개념은 민주주의 가치를 축소시켰으며 민주주의의 질적 발전을 보장하지 않고 있습니다.

부르주아의 이익 보장 체제로서의 정당

사실 서양에서도 정당의 역사는 그리 오래되지 않았습니다.

정당 정치의 고향으로 칭해지는 영국의 정당사를 살펴봐도 17세기 이후 19세기 중엽에 이르기까지 정당이 거의 사사로운 '그룹'에 불과함을 알 수 있지요.

최초의 '그룹'인 원정당 라운드헤즈(Roundheads)와 기사단 캐벌리어스(Cavaliers)는 각기 의회와 왕권을 배경으로 무력 대결을

벌였으며 마침내 청교도 혁명으로 이어졌다는 점에서 정당이라기보다 정치적 폭력 단체라 할 수 있습니다.

이후 의회에서의 대립은 소집파 대 반대파에 이어 휘그 대 토리로 이어졌고, '보수주의적'이라는 용어도 보수당인 토리당에서 1830년에야 비로소 만들어졌지요. 이렇게 하여 정당들이 그나마 오늘날과 같은 현대 정당의 모습을 갖춘 것은 20세기에 들어서입니다. 그러나 토리당은 영국 국교주의와 지주 계급을 대표했으며, 휘그당은 귀족, 토지 소유 계층, 부유한 중산층의 이익을 대변했던 점에서 알 수 있듯이, 정당 제도 역시 고스란히 부르주아 계급의 이익을 보장하는 체제였지요.

한편 우리나라에서 'party'라는 영어 단어는 모두 '정당'으로 번역하여 사용하고 있습니다.

그런데 사실 '당黨'이라는 한자어는 예로부터 좋지 않은 의미로 사용되어 왔습니다. 실제로《논어論語》에도 "군자, 군이부당君子, 群而不黨"이라 하였습니다. 즉, "군자는 사람들과 잘 어울리지만, 무리를 이뤄 사적인 이익을 취하지 않는다"는 말이지요. 주자朱子는 《사서집주四書集注》에서 '당黨'에 대하여 "상조닉비왈당相助匿非曰黨", 즉 "서로 잘못을 감추는 것을 당이라 한다"고 해석하였습니다. 《설문說文》에는 "당, 불선야黨, 不鮮也"라고 풀이되어 있습니다. '당黨'이란 '흐릿하여 선명하지 못하다'라는 의미를 지닌다는 것이지요.

이렇듯 '당黨'이라는 글자는 "공동의 이익을 위하여 함께 거짓말로 사람을 속이다"는 의미를 지니고 있습니다. "'불편부당不偏不黨'해야 한다"는 명제에서 이미 '당黨'이라는 단어는 '악惡'의 범주를 뛰어넘지 못하는 이미지를 갖게 됩니다. '당쟁黨爭'과 '붕당朋黨' 그리고 '작당作黨하다'의 '작당' 역시 마찬가지이지요. 그러니 당黨을 아무리 잘 만들고 그 활동을 잘해 본들 결국 모두 '작당', 혹은 '당리당략'이라는 좋지 않은 부정적 이미지의 틀을 결코 넘어설 수 없게 됩니다.

이런 의미에서 보면, 우리의 '정당'이 이렇듯 좋지 못한 의미를 담고 있는 '당黨'이라는 용어의 명칭을 사용하고 있음으로 하여 '당黨'의 본래 의미를 너무도 충실하게 '실천'하기 위하여 '모두 모여서 잘못을 감추고', '거짓말로 사람을 속이고', '싸우고' 있는 셈이 아닌지요?

공공성公共性이란 무엇인가?

최근의 한 여론조사에 의하면, 우리 국민 중 87퍼센트가 정치와 정치인을 신뢰하지 않는다는 결과가 나왔습니다.

사회가 정상적이고 원활하게 운용되기 위해서 가장 중요한 것은 사회 구성원 간의 믿음, 곧 신뢰라고 할 것입니다. 믿음과 신뢰가 존재할 때만이 비로소 진정으로 인간다운 사회를 만들어 갈 수 있기 때문이지요.

'믿음'이라는 뜻의 '신信'은 '사람 인人'과 '말씀 언言'이 합쳐진 글자로서 사람의 언론言論은 마땅히 진실 되고 성의誠意가 있어야 한다는 뜻입니다.

《묵자경墨子經》〈경상經上〉에는 "신信이란, 말이 뜻에 합당한 것(신, 언합어의야信, 言合於意也)"이라 하였습니다. 또《설문說文》에도 "신, 성야信, 誠也"라고 하였지요. 원래 '신信'의 고대어는 言+心 자로서 "마음의 소리"라는 뜻이었습니다.

따라서 '신信'이란 "진심이 마음의 외부 입구, 즉 혀를 통하여 밖으로 나온 순수한 마음의 소리"라는 뜻을 지니고 있겠습니다. 그리하여 결국 '신信'은 진심성의眞心誠意에 대한 확인이라고 볼 수 있지요.

지금 우리 사회에서 가장 신뢰할 수 없는 집단으로 항상 정치인들이 지목됩니다. 이는 정치가들이 문자 그대로 "무리를 지어비리를 숨기고 남을 속이는" 의미로서의 '당黨'의 원의原意를 너무 충실하게 실천하면서 도무지 '진심(진정성)'과 '공공성公共性'

은 찾아볼 수 없다는 점에 기인한 것입니다.

그렇다면 과연 '공公'이란 무엇일까요?

'공公'이라는 한자는 '팔八'과 '사厶'가 합쳐진 글자로서 '八'은 "서로 등을 돌리다, 서로 배치되다"라는 뜻이고, '厶'는 '사私'의 본자本字입니다. 《한비왈韓非曰》에는 "스스로 경영하는 것을 사厶라 하고, 사厶와 배치되는 것을 공公이라 한다"고 풀이하고 있지요.

그리하여 '공公은 "사私와 서로 등을 돌리다 혹은 배치되다", 즉 "공정무사公正無私하다"는 뜻입니다. 한편 '사私'란 '화禾'와 '사厶'가 합쳐진 글자로 '벼禾'나 '농작물農作物'을 의미하였는데, 즉 개인의 수확물이나 소유물을 의미하고 있지요.

'공公'과 '사私'는 항상 대립되는 의미로서 사용되어 왔는데, 이는 한자어에서도 나타납니다. 즉 '병공집법秉公執法'은 "공정하게 법을 집행하다"는 뜻인데, 반대어는 '순사왕법徇私枉法'으로서 "사사로운 정에 이끌려 법을 왜곡하다"는 의미이지요.

한편 독일에서 '공무(Öffentlicher Dienst)'라는 용어에 포함되어 있는 '공공(Öffentlich)'이라는 용어는 '열린'이라는 뜻의 'offen'으로부터 형성되어, 모든 것이 은폐된 것이 아니라 "모두의 눈으로

보아 명확하게 보이는 것처럼 열려 있는 것"을 가리키는 단어입
니다. 이 형용사는 프랑스 계몽사상의 정신을 받아들여 19세기
독일에서 슬로건처럼 많이 사용되었고, 현대의 하버마스에 이르
기까지 유럽의 사회 시스템론에서 중요한 역할을 수행하고 있지
요. 여기에는 '공공公共의 것은 결코 권력자에게 귀속하는 것이
아니라 민중의 어느 누구에게도 열려 있다'는 개념이 들어 있습
니다.

　그리하여 '공공(öffentlich)'은 "누구에게나 열려 있다"로부터
비롯하여 '공개된, 투명한'이라는 뉘앙스를 지니게 된 단어입니
다. 이는 공무원이 정당한 이유 없이 직무상의 정보를 국민에게
은폐하는 것은 허용되지 않음을 의미하지요. '공공(öffentlich)'의
반대어는 '사유(privat)'로서 원래 "모두의 눈으로 보아 흠결이 있
다"는 뜻입니다. 이로부터 "닫혀 있다"는 의미를 거쳐 '사적인'이
라는 의미로 확대되었습니다. 또 '공公'의 의미로 사용되는 영어
단어 '퍼블릭(public)'은 고대 라틴어로부터 기원했는데 본래 '피
플(people)'의 의미를 지니고 있었습니다.

정당에 대한 국고 보조금, 과연 계속 존재해야 하나?

2010년 한 해에 국민의 세금으로 정당에 준 국가 보조금은 무려
671억 원이었습니다.

하지만 우리 정당들은 그렇게 엄청난 국민들의 세금을 펑펑 쓰면서도 정작 '아웃풋(output)'은 거의 없어 보입니다. 입만 열면 경쟁력이 없는 것은 여지없이 도태되어야 한다는 적자생존의 시장 경제 논리를 금과옥조로 삼는 그들이건만 정작 생산성이 전혀 없는 자신들에 대해서는 너무도 너그러워서 시장 논리를 전혀 적용할 생각을 하지 않지요. 그 대신 유능한 정치 신인 및 새로운 정당의 장내 진입을 철저히 봉쇄하면서 국민의 세금을 독점적으로 향유하고 있습니다.

정당이 지금과 같이 국민의 신뢰를 얻지 못하고 '아웃풋'이 거의 없는 상태가 계속된다면, 국민들은 이러한 정당에 대하여 자신들의 세금을 계속 제공하는 것을 중단하게 될 것으로 보입니다. 실제로 이탈리아에서는 정당에 대한 국고 보조금 50퍼센트 삭감 운동이 활발하게 전개되고 있지요.

6.
이 땅의
민주주의가
나아가야 할 지점

확대되어야 할 직접 민주주의의 방식

본래 진정한 의미의 민주주의란 직접 민주주의입니다.

대의제, 즉 간접 민주주의는 부득이한 상황에서 특수하게 적용된 제도에 불과하지요. 그런데 현실은 거꾸로 전개되어 왔습니다. 직접 민주주의가 현실적으로 여러 난점이 존재한다는 이유로 이른바 대의제, 즉 간접 민주주의를 채택하고 마치 그것이 유일하고도 진정한 민주주의인 것처럼 이데올로기화되었습니다.

평의회 민주주의는 국민에 의하여 선출된 대표가 선출한 대중들의 의사를 정확히 반영하고 그에 반할 경우 소환됩니다. 국민에 대한 책임을 전제로 하는 명령 위임은 그러므로 중요하며, 명령 위임을 부정하는 현재의 자유 위임 원칙은 결국 엘리트 중심의 통치를 초래하고 주권자인 국민을 무력화시키는 통치 형태로서 국민 세력을 근본적으로 배제하는 부르주아 이데올로기의 전형으로 볼 수 있지요.

오직 1퍼센트의 기득권층과 '진정성 있는' 접촉을 수행하는 대표자들

선거에 의하여 선출된 대표자가 국민의 의사를 반영하지 못하는데서 기원한 근대 대의제의 위기는 정치적 책임만을 묻는 선거만으로 결코 해결할 수 없습니다.

더구나 대부분의 대표자들은 선거 시기를 제외하고는 일반 국민과의 접촉보다 사회적으로 영향력이 있는 소수 기득권층과의 접촉에 자신의 활동이 국한되기 쉽습니다. 그리하여 대부분의 대표자들이 그야말로 '진정성을 가지고' 접촉하는 것은 이들 1퍼센트의 기득권층과 고급 호텔이나 고급 바 혹은 골프장에서 만날 때뿐입니다. 그리고 대부분의 시간을 이들 기득권층과 보내게 됩니다. 반면 국민 대중과는 선거 때 반짝 분주한 것 외에 그 접촉 시간이 매우 짧고, 더구나 모든 것이 표를 의식한 '형식적' 행위에 불과하게 됩니다. 이러한 상황에서 대표자들이 일반 국민들의 의사에 반하여 극소수 기득권층의 이익에 봉사하는 정책 결정에 적극적으로 참여하게 되는 것은 어찌 보면 필연적인 현상입니다.

이러한 상황에서 대표자에 대한 국민의 통제는 반드시 필요한 것이고, 그것이야말로 민주주의의 핵심입니다. 그러므로 국민의 의사에 반하는 행위를 한 대표자를 소환하는 국민 소환제는 민주주의의 실현을 위하여 국민들이 할 수 있는 최소의 방어 기제인 셈이지요.

그간 우리나라에서 지방 자치 단체장에 대한 주민 소환제가 종종 시도되었음에도 불구하고 대부분 실패로 돌아갔던 데에는 여러 가지 요인이 있겠지만, 혹시 소환이 이뤄져 다른 정당의 다른 인물이 선출되어 본들 "그 사람이 그 사람"이라는 일종의 '체념'이 우리 사회에서 굳게 뿌리를 내리고 있기 때문이라고 할 수 있습니다. 결국 사실상 '선택권이 봉쇄된' 우리 정치 현실 때문인 것이지요.

직접 민주주의의 길

독일의 녹색당이 내걸었던 기층 민주주의 핵심도 명령 위임의 원칙이었습니다.

녹색당은 당 강령 전문에 "모든 당직자와 당 소속 의원들은 기층 당원에 의하여 지속적인 통제를 받는다. 만약 당 소속 의원이 기층 당원의 의사에 반하는 경우에는 언제든지 이를 소환할 수 있다"고 명기하고 있습니다. 그러나 국민 소환제는 이른바 대의제를 채택하는 절대 다수의 국가에서 오늘날 여러 가지 폐단과 부작용을 명분으로 내세워 부정하고 있지요. 이렇게 하여 국민이 참여하는 통로가 곳곳에서 봉쇄되고 있습니다.

민주주의의 존재를 오로지 선거에서만 반짝 확인할 수 있는 과정에서 결국 대중은 배제되고 유리된 채 '전혀 민주적이지 못한' 정당들에 의하여 대표 선출이 강요됩니다. 이는 민주주의가 아니라 대중과 유리된, 대중 위에 군림하는 정당 간의 희화화된 권력 나눠 먹기이자 적나라한 정당 독재에 지나지 않습니다.

원래 자유 위임이란 선거민으로부터의 '자유'뿐만 아니라 정당으로부터의 '자유'도 동시에 의미하는 것이지요. 하지만 의원들이 정당에 철저히 '구속'되고 있는 현실 정치에서 선거민에게만 자유로운 정당의 독재는 더욱 심화되고 있습니다. 일찍이 막스 베버도 "국민이 정당에 의하여 완전히 그리고 예외 없이 무력화된다"고 지적하였습니다.

결국 오늘날의 '민주주의'란 이른바 선거라는 이름으로 대중과 철저하게 유리된 정당의 후보만 선출하는 과정으로서 이는 대중들의 의사가 제도적으로 봉쇄될 수밖에 없는 정당 독재이며, 이것을 민주주의라 부르기는 어렵다고 할 것입니다.

민주주의란 대중의 대표를 어떻게 선출하고 어떻게 그 대표 기제를 운용하는가에 성패가 달려 있으며, 이를 위하여 정당의 개입을 최소화하고(예를 들어 기초 자치 단체의 경우 반드시 정당을 배제할 필요성이 있습니다) 평의회 민주주의의 원리가 최대한 실현되는 것이 바람직하다고 할 것입니다.

직접 민주주의의 확대는 현재의 대의 민주제가 직면한 이른바 '민주주의 결손(democratic deficit)'을 보완해 주는 긍정적인 기여를 합니다.

구체적으로 직접 민주주의는

(1) 정치권력의 정통성이 공론에 의하여 창출되고 확인되며 도전받도록 함으로써 보다 공론적인 정치를 가능하게 하며,

(2) 자칫 무시될 수 있는 다양한 정치적 견해들이 표출되어 논의될 수 있는 기회를 제공해 주고,

(3) 정치적 대표성이 취약한 사회적 약자들의 입장이 논의될 수 있으며,

(4) 정치권력의 독점을 방지하고 보다 균등한 분포를 지향하는 등의 장점을 지니고 있습니다.

유럽 회원국들의 입장을 정리한 유럽 회의는 모든 차원의 정부에서 주민 발안과 주민 투표를 확대 시행할 것을 추천한 바 있습니다.

독일에서 활성화되어 있는 시민 단체들은 기존 지방 자치 제도를 개혁하지 않고서는 자신들의 의견을 반영하기 어렵다는 사

실을 깨닫고 주민들의 의견을 반영할 수 있는 제도적 장치를 요
구하는 운동을 전개하였습니다. 그리고 마침내 1990년 쉴레스비
히─홀스타인 주에서 지방 자치법이 대대적으로 개정되면서 광범
위한 주민 참여를 보장하게 되었지요.

그 주요한 내용은 다음과 같습니다.
첫째 주민 청원으로서, 일정한 수의 주민이 청원한 사항에 대하
　　여 지방 의회는 일정 기간 내에 반드시 심의하여 결정해야
　　한다.
둘째 주민 회의로서, 지방 자치 단체는 최소 1년에 한 번 이상
　　지역의 중요한 문제를 논의할 수 있는 주민 회의를 소집
　　해야 하며, 여기에서 집약된 의견은 해당 기관에서 일정
　　기간 내에 심의되어야 한다.
셋째 주민 투표로서, 일정 수의 주민은 지역의 중요 문제에
　　대하여 주민 투표를 청구할 수 있고, 이 경우 지방 의회
　　의원의 3분의 2 이상의 찬성이 있으면 주민 투표를 실시
　　해야 한다.

직접 민주주의 요소인 국민 발안, 국민 소환, 국민 투표는 적
극 권장되어야 할 것입니다. 이밖에도 주민 소송, 참여 예산제,

주민 감사 청구, 정보 공개 등 다양한 직접 민주주의의 통로가 실천되어야 합니다. 더구나 인터넷 사이버 공간이 보편적으로 발전된 오늘날 직접 민주주의의 토양은 이미 충분히 성숙되었다고 할 수 있습니다. 각종 선거의 시행이 지나치게 많은 비용을 낭비한다는 지적이 있는데, 향후 온라인 투표 제도의 광범위한 시행으로 비용 문제 역시 상당 정도 해결할 수 있습니다.

프랑스에서는 온라인 시민 배심원 제도를 시행하고 있습니다. 10~15명으로 구성된 시민 배심원들은 정책 결정에 직접 참여하지는 않으나 정책에 대해 심의하고 토론한 후 정책 당국에 주요 권고안들을 제시합니다.

한편 노르웨이의 '민주주의를 위한 청년포럼(Youth Forum for Democracy)'은 전국 각지에서 청년 단체를 대표하는 16명의 대표로 구성되며, 이들은 청년층의 정치 참여 확대 방안과 사회 활동 참여 방안 등에 대한 정책안을 만들어 아동가족부 장관(Minister of Children and Family Affairs)에게 제출합니다. 협력자로서의 이러한 정책 결정 참여의 경우 비록 최종적인 결정권은 갖지 못하지만, 대표성을 지닌 참가자들이 토론과 합의를 통해 결정한 권고안은 정부의 정책 방향에 상당한 영향력을 행사하게 되지요.

국회 내 직접 민주주의의 도입 _ 국회 내 청원실 설치

발상의 전환이 이뤄지지 못하면 기성 정당은 존립의 위기에서 벗어나기 어렵습니다.

오늘날 대중들이 정당에 대하여 지니는 불신의 가장 큰 원인은 소통의 부재에 있습니다. 대의 민주주의만을 강조하고 직접 민주주의적인 요소를 기본적으로 배제시키고 있는 현재의 정당 및 의회 제도에 그 주요 요인이 있습니다. 정당 개혁에 대해서는 이제까지 많은 논의가 있었지만, 의회 개혁 분야의 연구는 오히려 매우 적은 편입니다.

이 글에서는 의회 개혁의 관점에서 직접 민주주의의 도입과 정책 정당의 방안에 대하여 제안하고자 합니다.

청원請願이란 국가 또는 지방 공공 단체의 소관 사항에 대하여 일정한 요구 사항을 진술하는 것으로서 국민의 기본 권리 중 하나입니다. 우리나라 헌법 제26조도 "① 모든 국민은 법률이 정하는 바에 의하여 국가 기관에 문서로 청원할 권리를 가진다. ② 국가는 청원에 대하여 심사할 의무를 진다"라고 규정하고 있지요.

역사적으로 재판 제도가 정비되지 않고 의회 제도가 확립되지 아니한 전제 정치 시기에는 청원(권)이 국가 또는 군주에 대하여 자기의 권익을 보호받기 위한 호소의 수단과 권리 침해의 회복 및 구제 수단으로서의 기능뿐만 아니라 국민의 요구 사항이나 민정民情을 통치자에게 알리는 중요한 방법이었습니다.

그 뒤 의회 제도의 발전에 따라 국민들의 참정권이 실현되고 국민 기본권으로서의 언론 자유가 보장되었으며, 사법 제도의 확립으로 권리 침해의 구제 수단이 한층 더 유효한 토대를 가지게 되면서 현대적인 의미의 청원은 권리 구제 수단으로서의 효용은 감소되고 국민의 요구 사항을 국가에 제기하는 수단으로서의 의미가 더욱 중요하게 되었습니다.

청원 제도가 여전히 각국에서 계속 제도적으로 보장되는 것은 이 제도에 의하여 국가 또는 공공 기관에 국민의 의사와 요구 사항을 자유롭게 제기할 수 있을 뿐만 아니라 국가 기관은 이를 수리, 심사한 뒤 그 결과를 청원인에게 통지해야 한다는 점에서 주권재민主權在民이라는 국민 주권주의의 실현과 기본권 보장의 확립이라는 가치를 지니기 때문입니다.

또한 사법부의 재판 청구권이 사후 구제 수단인 것과 달리 청원은 권리 침해의 우려가 있을 때 사전 구제 수단으로 행사될 수 있고, 사법 수단보다 그 절차가 용이하다는 점에서 여전히 권리 구제 수단으로서의 유효성을 지니고 있다고 볼 수 있지요.

의회제가 역사적으로 청원으로부터 비롯되었지만 의회와 청원의 관계는 여전히 중요성을 지니고 있습니다. 무엇보다도 청원에 대한 심사와 정당한 처리는 의회가 지니고 있는 고유 기능인 행정 통제로 이어지며, 청원에 포함된 내용은 의회의 정책 자료가 될 뿐만 아니라 살아 있는 입법 정보를 접하는 계기가 됩니다. 또한 청원의 내용은 사회 상황의 축소판이라 할 만큼 사회상을 그대로 반영합니다.

청원의 폭주로 인하여 의회가 '민원 처리장화'할 수 있다는 이유를 들어 청원을 억제하거나 경시하는 견해도 있지만, 이는 의회의 활성화에 정면으로 어긋납니다. 의회가 참으로 행정 통제와 국민의 권익 침해에 대한 구제 및 여론의 수렴에 관심을 경주한다면 청원의 폭주는 오히려 환영해야 할 일이라 할 것입니다. 현재 국회의 청원 처리 현황은 열악하기 그지없습니다. 예를 들어 2006년 국회 상임 위원회에 접수된 청원 건수는 총 278건인데 그 중 단지 1건만이 채택되었을 뿐이지요.

그리하여 우리 국회 내에 청원실을 설치하여 대중들의 요구를 반영할 수 있는 직접 민주주의적 요소를 적극적으로 도입하는 방안이 현재 신뢰성의 상실이라는 위기에 처해 있는 정당과 국회가 나아가야 할 중요한 돌파구라고 생각합니다.

　여기에서 독일 의회의 청원실은 중요한 모델이 될 수 있습니다.

　독일의 청원실은 의회 내에 구성되어 있고, 청원 위원회 사무과와 4개의 청원과로 이루어져 있지요. 연방 의회 청원 위원회는 청원을 접수, 토의하여 연방 의회에 결의안을 제출할 의무가 있습니다. 청원실은 청원 위원회에 대한 전문적이고 행정적인 지원을 담당하며, 청원 위원회를 위하여 사건 규명과 민원 처리에 대한 제안을 마련합니다. 접수된 청원은 연방 의회 청원 위원회 사무과의 사전 심사를 거쳐 4개의 청원과로 이송되지요. 이 사전 심사 과정에서 접수된 청원의 약 4분의 1이 탈락하게 됩니다. 직원들은 도움말이나 안내, 소개 또는 각종 정보 자료 우송 등 가능한 한 지원을 아끼지 않습니다. 2004년에 접수된 청원은 17,999건이고 종결 처리된 것은 15,565건이며 개별적으로 처리된 것은 264건입니다.

　청원권은 시민적 법치 국가에 있어 가장 고전적인 권리로 인식되고 있습니다. 청원권의 인정과 더불어 의회제가 시작되었다는 사실이 그 무엇보다 청원권의 본질을 가장 잘 드러내 주고 있습니다. 의회제의 선구인 영국이 '권리 청원'과 '권리 장전'으로 청원권을 보장한 역사적 사실은 의회제라는 발상이 청원의 통로라는 점에 그 의의가 있다고 할 것입니다.

청원권(Right to Petition)의 연원은 입헌주의 이전부터 찾을 수
있지요. 즉 청원의 근원은 영국에서 1215년 국왕이 귀족들의 강
압에 의하여 승인한 대헌장 제61조에서 비롯되었습니다. 그 뒤
1628년 권리 청원(Petition of Right)에서 처음으로 보장되었지요.
이어 청원권은 미국 연방 헌법 수정 제1조를 비롯하여 스위스 헌
법(제57조), 바이마르 헌법(제126조) 그리고 1791년 프랑스 헌법 등
세계의 많은 국가에서 헌법으로 규정되었습니다.

(1) 폐지되어야 할 '국회의원의 청원 소개' 규정

국민 여론을 가장 잘 반영하는 청원의 의회에 의한 심사는 의
회와 국민 여론이 직접 접촉하는 기회를 부여함으로써 주로 선거
기간에만 집중되는 국민과의 접촉을 통시적通時的으로 가능하게
합니다. 나아가 청원의 의회 심사만으로도 일반 대중의 소외를
해소시키는 데 기여하게 되고 여론의 수렴과 참여 확대에도 큰
역할을 할 수 있게 됩니다. 시민 참여의 효과성은 참여를 위한 제
도적 장치만이 아니라 더욱 중요하게는 수용자 측의 반응성反應性
(responsiveness)과 책임성(accountability)에 의해 좌우되는 것이며, 시
민 참여란 참여자의 정치적 효능감效能感이 뒤따를 때 비로소 그
효과성이 실현될 수 있습니다.

대의 민주주의의 위기로 표현되고 있는 한국의 현 상황에서

온라인, 오프라인상의 민의民意를 의회에 반영하는 것은 직접 민주주의 성격을 대의 제도에 적극적으로 반영시키고 투사시킴으로써 대의 민주주의의 약점을 결정적으로 극복하는 계기를 만든다는 중요한 의미를 지니고 있습니다.

특히 청원이 반드시 국회의원의 소개를 통해서만 비로소 가능하도록 규정되어 있는 현재 우리나라의 '국회의원의 청원 소개' 규정은 사실상 대중들의 청원권을 봉쇄하는 것입니다. 이러한 '국회의원의 소개' 의무 조항은 향후 반드시 폐지되어야 할 것입니다.

구체적으로 접수, 수리된 청원 사안의 심사를 위해서는 국회 내에 청원 심사 특별위원회를 구성해야 할 것입니다. 여기에서 청원 심사 특별위원회는 사안의 심사를 위하여 정부 기관에 관련 자료 및 문서 열람 및 정보 요청의 권한을 가집니다. 청원 심사의 결과에 기초하여 해당 기관에 시정 권고를 할 수 있으며, 정책 입안 사항일 경우에는 해당 소관 위원회에 회부합니다. 청원은 어디까지나 대중과 함께 결합되어야 할 것입니다.

따라서 청원과 관련된 다양한 정보를 온라인상에서 제공하고 국민들의 서명을 접수하며, 나아가 내용에 대한 지지나 비판 의견을 제시하는 '숙의 혹은 평의(deliberation)'의 과정을 거치도록 해야 합니다. 또한 접수된 청원은 그 처리 과정을 접수인이 항상 확인할 수 있도록 온라인상으로 투명하게 공개되고 (전자)우편으로 중간에 처리 과정을 고지하도록 합니다.

국회 청원실의 설치는 국민에게 부정적 이미지로 비쳐지고 있는 현재의 국회상國會像에 실질적인 대중적 민의民意를 결합시켜 낼 수 있는, 그리하여 국회가 문자 그대로 '국민의 대표'로서 기능해 내는 중요한 계기로 작용할 것으로 확신합니다.

'좋은 정당 만들기'의 구체적인 방안 _ 국회 상임위 전문 위원의 정당 소속 고려대 최장집 교수는 '좋은 정당 만들기'를 줄곧 주창해 왔습니다. 그런데 이러한 '좋은 정당 만들기'는 그 좋은 의도에도 불구하고 늘 추상적 구호에 그칠 뿐 구체적인 방안이 효과적으로 제기되지 못하고 있습니다.

(1) 미국 의회와 독일 의회의 특성

미국 의회는 우리의 국회와 달리 의원 개개인이 소속 정당에 대하여 상대적으로 독립성을 가지고 자신의 선거구민에 대한 대응성對應性을 주요한 고려 대상으로 설정하는 조직이며, 반면 국회의원에 대한 정당의 영향력은 미미합니다. 즉 미국 의회는 개별 의원 중심으로 운영되어 정당 간 경쟁과 갈등이 많지 않지요. 따라서 미국식 의회 시스템은 의원 개개인의 자율성을 강화하고 이들의 전문성을 제고하는 방식을 취하고 있습니다.

이와 달리 독일의 경우에는 의원들의 국회 진출이 정당에 의해 좌우되며, 정당 간에는 거의 모든 정책에 있어 대립합니다. 의원들도 소속 정당의 정책에 순응하며, 당론에 배치되는 발언을 하기 어렵지요. 연방 의회의 운영은 정당에 의해 좌우되는데, 이 정당은 계층제적 통제 중심으로 되어 있습니다. 이러한 구조에서 독일 정당의 정책 전문성은 주로 정당의 전문성에서 좌우됩니다. 이렇게 하여 자연히 정당의 전문성을 제고하는 논의들이 중요하게 되고, 이에 따라 교섭 단체 정책 연구 위원들의 역할이 대단히 활성화되어 있습니다.

이처럼 독일의 입법 과정은 정당을 통하여 매개되며, 의회의 정책 결정은 정당에 의하여 주도되고 있습니다. 그러나 사안마다 의원 총회를 소집 운영하기에는 시간과 노력이 너무 많이 들고 또 참여 의원이 많으면 심도 있는 논의가 될 수 없는 문제점이 나타났습니다.

이에 대한 개선책으로 독일 의회는 입법 활동과 정책 전문성을 실질적으로 지원할 수 있는 시스템을 발전시켜 왔지요. 즉 위원회에서 정당 간에 협상을 하기 전에 각 정당이 상임 위원회별

로 특정 주제에 대하여 깊이 있는 토론과 연구 진행을 통하여 전
문성을 높이는 시스템을 운영하고 있습니다.

　　의회의 상임 위원회는 정당 간 정책 경쟁의 장場으로서 상임
위원회를 지원하는 입법 조직 역시 정당의 개입은 자연스럽고 필
연적이라 할 것입니다. 그리하여 상임 위원회 지원 전문가 조직
은 미국식처럼 정당 소속이거나 독일식처럼 교섭 단체 정책 연구
위원이 중심이 될 수밖에 없습니다. 　·

　　미국 의회에서 각 상임 위원회 입법 지원 조직의 전문 인력은
18명의 전문 위원을 포함하여 위원회당 평균 68명입니다. 다수당
과 소수당이 소속 의원 수에 비례하여 인원을 배정받고 소수당은
최소 3분의 1을 요구할 수 있도록 하였습니다.

　　한편 독일 의회의 경우 상임 위원회 입법 지원 조직은 주로
교섭 단체 정책 위원에 의하여 운영되고 있어 그 총수는 2004년
현재 837명에 이르고 있습니다. 이 837명 중에는 행정 인력, 기술
인력 등이 포함되어 있는데, 정책 전문가와 비정책 전문가 비율
은 4 대 6 정도입니다. 독일 의회는 각 정당 내 상임 위원회마다
소그룹이 운영되고 여기에 각 정당의 정책 연구 위원들이 매주
화요일마다 만나서 짧게는 6주에서 길게는 6개월에 걸쳐 상임위
의제를 사전에 토론하고 조율합니다. 이 과정에서 의원 개개인의

전문성도 향상되고 각 정당의 전문성도 당연히 증대되며 이는 의회의 전문성 제고로 이어집니다. 소그룹에서 채택된 사항은 대부분 그대로 정당 전체의 견해로 채택됨으로써 정책 정당으로서의 위상이 충실하게 견지됩니다. 참고로 독일의 정책 전문 위원은 행정 경력도 지니면서 해당 분야에서 가장 유능한 전문가라는 자부심을 지닌 집단입니다.

(2) 좋은 미덕이 좋은 제도를 만드는 것이 아니라, 좋은 제도가 좋은 미덕을 만든다

현재 우리 국회 입법 지원 조직에는 수석 전문 위원 및 전문 위원이 포진되어 있는데, 대부분 국회 공무원 출신입니다. 상임위 전문 위원의 구성이 이렇게 철저하게 입법 관료 출신으로 이뤄져 있는 나라는 우리나라의 경우 외에 발견하기 어렵지요.

이제 우리 국회도 정당에 상임위 전문 위원들을 소속시키는 방안을 모색할 시기가 되었습니다. 그리하여 총 200명 정도의 정책 전문 위원을 각 정당에 소속시켜 위원회에 대한 지원을 담당하게 하는 방안이 적극 모색되어야 합니다. 이렇게 함으로써 각 정당은 국회에서 예산이 지출되는 100명 내외의 정책 전문가를 보유하게 됩니다.

의회가 행정부를 감시하고 통제하기 위해서 의회는 행정부에 비견되는 전문성을 갖추고 있어야 할 것입니다. 따라서 의회의 전문성 확보는 곧 의회의 기능 회복과 직결된 문제입니다. 의회 정책 전문 위원을 제도적으로 대폭 보강하여 명실상부한 정책 정당이 만들어지고, 정당 소속 의원들이 그 정책 전문 위원들과의 상시적인 접촉을 통하여 정책 토론을 할 수 있도록 제도적으로 보완해 주는 방법이 의회의 원칙에도 부합합니다.

좋은 미덕이 좋은 제도를 만드는 것이 아니라, 좋은 제도가 좋은 미덕을 만드는 것입니다. 무엇보다도 우리나라에서도 이들 정책 전문 위원들과 매주 만나 '열심히 공부하는 의원'들을 정말 보고 싶습니다.

시민의 보호자 _ 옴부즈맨 제도

국회 앞에 텐트를 치고 몇 년째 노숙 농성을 하는 연로하신 분이 있습니다. 지나칠 때마다 마음이 무거워집니다. 또 법률 제도의 미비 혹은 부적합한 판결로 국회에 민원을 가지고 수년째 찾아오는 경우도 있습니다. 사실 모두 현행 법 조항으로 해결하기 어려운 문제들입니다.

그렇다면 과연 이러한 문제들을 어떻게 해결할 수 있을까요?

이러한 문제를 해결하기 위한 제도 중의 하나가 바로 옴부즈맨(Ombudsman) 제도입니다.

현대 국가에 있어서 일반적으로 행정 활동 영역의 확장 및 행정권의 전반적인 강화 추세가 행정 기능의 팽창을 초래합니다. 이로 인하여 행정권의 남용 및 오용 등 무한 책임 행정 행위의 가능성이 높아지고 동시에 위법, 부당한 행정 결정에 의해 국민들의 권익 침해 가능성이 높아지고 있지요. 이러한 상황에서 국민들의 기본 권익을 보호·증진하기 위해 효율적인 행정 통제 방식이 필요하게 됩니다. 이러한 배경에서 옴부즈맨 제도가 대두되기에 이르렀지요.

옴부즈맨 제도는 입법부에 의하여 임명되는 옴부즈맨이 입법부로부터 직무상의 독립 기능을 가지고 공무원의 위법, 부당한 행위를 감시하며 국민의 민원 신청이나 직권으로 법령에 위반되는 행위를 조사하며 권리 침해가 있을 경우 구제를 추진하는 제도입니다.

'옴부즈맨(Ombudsman)'이라는 용어는 스웨덴어로 "권한을 부여 받은 자(authorized agent)"라는 뜻이지요. 대표, 대행자, 대리인, 법무관 등을 의미하는 말이며 국가마다 구체적인 명칭은 상이하여, 의회 감찰관이나 민원 감찰관, 시민의 보호자, 공중 상담자, 불평 처리인 등의 명칭으로 사용되고 있습니다.

옴부즈맨 제도는 의회형 옴부즈맨 제도와 행정부형 옴부즈맨 제도의 두 가지로 분류되고 있는데, 의회형 옴부즈맨 제도는 1809년 스웨덴 헌법에 기원을 두고 있습니다. 스웨덴에서는 4인의 옴부즈맨을 의회에서 선출하고 그중 3인은 독자적인 전문 분야를 담당합니다. 임기는 4년이며 국민의 권리 보호 및 구제에 중점을 두고 독립적 조사권과 사찰권 그리고 소추권을 가지고 있지요. 스웨덴의 제도는 의회의 대리인으로서 행정을 감시하는 기능에 중점을 두었는데, 다른 나라에 도입되는 과정에서 국민의 대리인으로서의 성격(국민의 권리 구제)을 동시에 지니게 되었습니다. 덴마크와 핀란드도 스웨덴과 유사한 옴부즈맨 제도를 가지고 있습니다.

행정부형 옴부즈맨 제도는 대부분 행정부 수반에 의해 임명되고 행정 조직 내부에 소속되어 있지요. 사찰권과 소추권을 가지지 않고 조사권과 권고권 등을 가지고 있으며 프랑스, 뉴질랜드의 옴부즈맨 제도가 이 유형에 속합니다. 지방 단위에서는 미국의 오하이오 주에서도 채택되고 있으며, 우리나라의 국민고충처리위원회도 이 유형에 속한다고 볼 수 있습니다. 그런데 옴부즈맨 제도가 갖는 행정 통제라는 본래의 목적에 비추어 엄격한 의미에서 행정부형 옴부즈맨 제도는 옴부즈맨으로 간주하기 어렵다는 견해가 적지 않습니다.

의회형이나 행정부형 옴부즈맨 제도와 달리 자치 단체 조례에 의해 특정 행정 분야 업무만 관할하는 시민형 옴부즈맨 제도도 있습니다. 일본 가와사키 시에서는 1990년 2월부터 시민형 옴부즈맨 제도를 운영하고 있는데, 임기가 3년인 3인의 옴부즈맨을 시장이 임명합니다. 여기에서 옴부즈맨은 독립성과 전문성을 지니고 있으며, 행정형 옴부즈맨과 유사하게 조사·권고·의견 표명권을 가지게 됩니다.

국회는 모름지기 국민의 의사를 최대한 반영해야 합니다.

따라서 국가 제도의 결함 혹은 오작동 등으로 피해를 입은 사람들의 고통을 해소하고 그 명예와 권익의 회복을 최대한 돕기 위하여 국회 내에 옴부즈맨 제도를 설치하는 방안을 적극적으로 고려해야만 할 것입니다.

'아래로부터의 힘'
그리고
안철수 현상

지금 우리 사회가 해결해야 할 중요 문제

(1) 관료에 포위된 무능한 정부

최장집 교수는 그의 저서 《민주화 이후의 민주주의》에서 "(87년 이후) 정치 엘리트들이 관료 엘리트의 도움 없이는 국정 운영 자체가 어렵게 됨에 따라 이들에 대한 의존이 급속히 커지고, 행정 관료 엘리트의 권력이 (과거 군부 독재의) 권위주의 시기보다 커지고 있다"고 분석하고 있습니다. 이어서 "역설적으로 민주 정부는 과거 권위주의 정부보다 더 관료에게 포획된 정부가 된다"고 지적하고 있지요.

예를 들어, 참여 정부 시기부터 시작된 한미 FTA의 전 과정은 이러한 성격을 적나라하게 드러내 주고 있습니다. 더구나 정권이 계속 바뀌면서 이들 관료 집단에 대한 통제는 더욱 어렵게 됩니다. 관료 집단은 자신들의 정보 장악과 축적된 기술, 경험을 바탕으로 관료의 비대화를 더욱 촉진시킵니다. 그리하여 그들만의 특수한 가치에 기초하여 행동하고 그들의 이익 추구를 우선적 목표로 삼으면서 마치 그것이 공적公的인 것처럼 위장하는 행동 양식을 보여 줍니다. 이렇게 정책 의제를 설정하고 결정을 내리는 기본적 과업이 모두 관료의 수중에 놓이게 된다면 민주주의의 의미는 크게 퇴색될 수밖에 없습니다. 국민에 의하여 선출되지 않은 관료 집단의 '인人의 장막'과 '관행의 장벽'을 극복하지 못하는 이러한 상황에서 결국 대통령은 '청와대 하숙생', 국회의원은 '국회 5년 계약직 공무원'이라는 우스갯소리까지 나오게 되는 것입니다. 대통령이나 국회의원이 이러한 현상을 대의 원리에 입각하여 제대로 인식하지 못하고 관료의 음모에 놀아나고 자신들의 공직을 유지하기에만 급급한 현실은 안타까운 차원을 넘어 사실 함께 대의 제도를 파괴하는 공범 행위로 비난받아야 할 것입니다.

특히 최장집 교수가 지적한 대로 "민주화 이후 한국의 행정 관료 체제는 유능한 관료에서 무능한 관료로 변하는 극적인 변화"가 있었습니다. 이들을 통제할 기제가 결여된 채 계속 교대되는 권력에 대한 줄 대기가 성행하는 가운데 무책임과 전문성의 결여 그리고 복지부동의 부정적 측면이 심화되었던 것이지요. 그리고 이는 정치권의 무능과 함께 총체적으로 무력하고 무능한 정부로 전락해 버림으로써 민주주의를 크게 위협하고 있습니다. 정당과 정부를 비롯하여 우리 사회 전체가 이 문제를 진지하게 검토하고 대책을 강구해야 할 것입니다.

우선 세계 어디에서도 찾아보기 어려운 고시考試에 의한 고위 관료 선발 제도(고시 제도는 기수와 인적 네트워크를 바탕으로 엘리트 관료의 파워를 키우는 재생산 기제로 작동되고 있습니다)는 폐기되어야 하고, 고위직 관료는 기본적으로 전문성 있는 외부 인사로 충당될 수 있도록 개방직으로 규정하는 것을 원칙으로 삼아야 할 것이며, 철저한 평가 및 감사 시스템이 뒷받침되어야 합니다.

어쨌든 이들에 대한 국민의 통제 시스템이 유효하게 작동되어야 하고, 국민의 직접 선출 방식도 확대되어야 할 것입니다. 특히 검찰총장과 경찰청장을 국민이 직접 선출하는 방안은 적극 고려되어야 할 것입니다.

진지하게 검토되어야 할 공무원 제도의 개혁

한편 프랑스는 수백 년에 걸쳐 좋은 공무원 제도를 만들기 위하여 제도를 정비하고 개선시켜 온 나라로서 그 경험은 우리에게 대단히 중요한 모델로 적용될 수 있을 것입니다.

프랑스의 공무원 제도 중 우리가 눈여겨봐야 할 점은 공무원의 승진 제도에 있어 외부에 대한 개방 제도가 대단히 발전되어 있고, 그리하여 공무원 내부자의 승진 비율이 절반을 넘지 않도록 규정되어 있다는 사실입니다. 즉 공무원 승진에 있어 각 부처별, 기관별로 차이는 있지만 거의 모든 경우에 외부 인원 선발 비율이 내부자의 승진 비율보다 높도록 하고 있지요. 다만 여기에서 직렬(전문성)의 범위는 엄격하게 적용되며, 외부자와 내부자는 동일한 시험을 치릅니다.

공무원 조직이 우리 국가 조직을 이끌어 가는 가장 중요한 근간 조직이라는 점에서 국민에 대한 높은 봉사 의식과 함께 뛰어난 능력을 지닌 우수한 인력을 선발해야 한다는 점은 누구도 부인할 수 없을 것입니다. 이러한 점에서 우리나라 공무원 제도도 그 폐쇄적이며 경직된 구조를 극복하여 지속적인 외부 개방 시스템의 도입이 절실합니다.

이렇게 될 때 비로소 현재 독점적이고 배타적인 경향이 강한 공무원 조직에도 새로운 신진대사가 실현되어 조직의 활력과 경쟁력이 획기적으로 제고될 것입니다. 아울러 이는 격변하는 현대의 지식 정보 사회에서 각 분야에 있는 우수 인력에게 국가 관리의 기회를 제공하며, 특히 뛰어난 능력을 지니고 있으면서도 이 사회와 국가에 봉사할 기회가 '박탈'된 많은 우수 인력들에게 일

종의 '패자 부활전'의 장을 열어 주는 의미를 지닙니다. 이러한
제도의 도입이야말로 이른바 '공정 사회'를 실천하는 중요한 첫
걸음일 것입니다.

(2) 우리 사회의 두 대척점, 비정규직과 재벌

이제 우리 사회는 크게 정규직과 비정규직이라는 양대 계급
으로 구분해야 할 정도로 비정규직 문제는 우리 사회의 핵심적인
문제로 부상하였습니다.

조직된 정규직 노동자는 그들의 이익을 지켜 줄 노조와 정당
이 존재하지만 이들 비정규직 노동자들은 지켜 줄 아무런 조직도
제도도 존재하지 않습니다. 참으로 절망적인 상황이지요. 이들은
어느 개그맨의 풍자처럼 "숨만 쉬고 89세까지 살아야" 집 장만을
할 수 있습니다.

이러한 상황에서 그 어떠한 민주주의도 빛 좋은 개살구, 허울
에 지나지 않게 됩니다. 이 점에서 사회의 가장 약자에게 이익이
돌아가는 경우에만 사회적·경제적 불평등이 인정될 수 있다는
존 롤스의 '차등의 원칙(Difference Principle)'이 다시 한 번 강조되
어야 합니다. 이주 노동자에 대한 보호 역시 존중되어야 하지만,
대규모 이주 노동자의 유입이 지속적 이윤을 추구하는 대자본의
논리이며 결국 우리 사회의 비정규직 양산과 맞물려 있는 문제라

는 점 역시 인정되어야 할 것입니다.

반면 재벌의 지배력이 우리나라처럼 강력하게 관철되고 있는 나라는 존재하지 않습니다. 사회 구석구석까지 재벌들이 총체적으로 지배하여 재벌 및 그들과 연결되어 있는 사람들 외에는 모두 생존의 벼랑 끝에 내몰리고 있는 형편입니다. 재벌의 '자유'는 반드시 악惡은 아니지만 그것이 대부분 독점과 탐욕 그리고 절대다수 대중에 대한 고통을 초래하기 쉽다는 점에서 반드시 조정되고 규제되어야 합니다.

진정한 민주주의의 시험대, '온라인 시민 대표'

(1) 이제 '위임'의 시대를 끝내고 스스로 대표를 뽑자

지금 이른바 '제3정당' 창당 여부가 관심사로 되고 있습니다.

그러나 과거 정당 창당의 과정을 살펴보면 대부분 상층 인사들만의 이합집산과 정치 공학적 셈법으로 일관되었으며, 그리하여 또 다른 제3정당이 만들어진다고 해도 결국은 기성 제도권 정당과 별로 차별성이 없는 형태로 흘러가게 될 것이 너무도 뻔합니다. 소요될 엄청난 자금 문제 역시 만만치 않은 어려운 과제겠지요.

지금 우리들이 분명히 인식해야 할 점은 '아래로부터의 힘'이 활성화되고 이것이 효과적으로 체제 내에 반영되는 시스템이 진정한 민주주의를 구현해 내는 가장 중요한 핵심이라는 사실입니다. 따라서 현재 필요한 것은 상층 인사 위주의 방식이 아니라 '깨어 있는 시민의 힘'이 자발적으로 건설되어 그 의사가 반영되는 정치 조직입니다.

이 시점에서 현재 광범하게 존재하고 있는 '무당파' 대중들을 결집시켜 이 땅에 진정한 민주주의의 실현을 앞당길 수 있는 하나의 유력한 방안을 제안하고자 합니다. 곧 '온라인 시민 대표'를 '아래로부터' 전국적으로 조직해 내는 것입니다.

SNS(Social Network Service)로 상징되는 온라인 시대의 도래와 함께 전례 없는 새로운 사회와 대중이 출현하였습니다. 하지만 기존 정당과 의회 시스템은 이 역동적인 변화를 전혀 담아 내지 못하고 있습니다.

기존 정당들은 '자기들만의 리그'만 관람하도록 강요하고 있습니다. 이러한 상황에서 많은 시민들이 자신들의 진정한 대표를 선출할 권리 행사는 사실상 철저하게 그리고 제도적으로 봉쇄되어 있습니다. 또한 현 국회가 민의民意를 제대로 반영한다고 믿는 국민은 매우 적습니다. 따라서 이제 온라인을 통하여 시민들이 직접 나서서 진정한 대표를 선출해야 한다는 것입니다. 물론 자신들을 지켜 줄 아무런 장치도 갖지 못한 비정규직에게도 당연히 개방됩니다.

이 '시민 대표'의 선출 과정에서 후보자들은 자신의 '공약'을 내걸고 '투명한' 온라인 선거 운동을 하며, 필요할 경우 오프라인에서의 결합도 적절하게 실행합니다. 후보자의 연령 제한은 17세 정도로 대폭 낮추는 것이 바람직할 것입니다. 이 조직은 특히 초기 단계에서 최대한 기존 정파 세력으로부터 자유롭고 독립적인 역량을 세워 나가도록 해야 할 것입니다.

'온라인 시민 대표'는 민의의 반영 시스템이 전혀 효과적으로 작동하지 못하면서 대의 민주주의의 기본이 심각하게 위협받고 있는 오늘날의 현실에서 직접 민주주의의 확장이며 대의 제도의 실제적이고도 유력한 보완 장치입니다.

그것은 또한 현재 왜곡되어 있는 소통을 이어 주는 유력한 방안으로서 이른바 '광장 민주주의'의 제도적 실현 수단이며, 현대 온라인 정보 사회에 있어서의 민주주의 정신과 제도를 올바르게 반영하는 정명正名의 실천이라고 할 것입니다. 나아가 대중과 유리된 채 오히려 대중 위에 군림하는 오프라인 정치에 대한 깨어 있는 '시민'들의 강력한 견제이자 심대한 도전이기도 합니다.

(2) 직접 민주주의를 시행할 기반은 이미 갖춰졌다

더 이상 국민이 단지 4~5년에 한 번 찾아오는 선거에 표를 던지는 행사의 수동적인 손님으로 전락되어서는 안 됩니다.

이제 그만 위탁이나 위임의 시대에 종지부를 찍고 국가의 운영에 주인으로서 직접 나서야 합니다. 더구나 우리나라는 정치 현실에 대한 심각한 불신과 좌절감, 국민의 높은 정치적 관심 그리고 세계에서 유례를 찾아보기 어려울 정도의 인터넷 보급과 발전이라는 요인에 의하여 직접 민주주의를 지금 당장 실천할 수 있는 기반이 이미 충분하게 형성되어 있습니다.

일관되게 직접 민주주의를 주창해 온 미국의 마이크 그러벨(Mike Gravel) 전 상원 의원은 한국을 방문한 자리에서 "촛불 집회는 국민의 주권적 권력의 자연 분출적 발로이며, 이는 대의 정부의 가부장적 거만함에 대한 정치적 분노의 한 형태"라고 분석하면서 "한국은 직접 민주주의를 할 수 있는 가장 유력한 국가"라고 말했습니다.

'유엔 미래 포럼'이라는 단체가 2011년 세계적인 미래학자와 경제학자 400여 명을 심층 취재하여 정리한 미래 예측 보고서에 따르면, 미래 사회에서는 국민이 인터넷 또는 모바일 국민 투표나 상시 투표 제도를 통해 예산을 분배하며 정책을 고쳐 나가는 '신新직접 민주주의 제도'가 도입될 것으로 전망하고 있습니다.

즉 모바일 의회, 상시 투표로 결정하는 투명한 의사 결정 기구들이 만들어지고, 3권 분립에서 국회나 의회의 힘이 거의 소멸되면서 의회의 권력을 시민, 국민들이 '신직접 민주주의'로 대신한다는 것이지요. 이에 따르면 "과거 로마 시대 국민들이 광장에 모여로마 운영을 국왕이나 원로들과 결정하듯이 인터넷이나 모바일투표로 상시 국민 의사 결정이 가능해진다"는 것입니다.

사실 대의 민주주의는 아무리 좋게 해석해도 직접 민주주의제도가 여러 제약 요인으로 인하여 시행하기 어렵기 때문에 차선책으로 임시 선택된 제도입니다. 그러므로 그 제약 요인들이 사라지면 본래의 민주주의 원칙대로 언제든 '임시적으로' 시행되었던 대의 민주주의 대신 직접 민주주의를 곧바로 실천해야만 합니다.

이제 온라인 시대에서 직접 민주주의가 시행되는 데 거의 문제가 없어졌음에도 불구하고 계속 간접 민주주의만을 고집하면서 '국민의 자기 통치로서의 민주주의 원칙'을 부정하는 것은 민주주의의 원칙에 대한 부정이며, 어떻게든 기득권을 잃지 않으려는 권력자들의 일방적인 욕심에 지나지 않습니다.

사실 대의제의 전제 조건 중 하나는 우매하고 감정에 치우치는 국민 대중에게 통치를 맡길 수 없다는 뿌리 깊은 편견이었습니다. 대표자는 선거민으로부터 자유로워야 한다는 자유 위임의 원칙은 정치적 의사 결정에서 국민의 배제를 정당화시키는 철칙으로 신봉되었고, 따라서 국민은 아예 정치적 의사 결정 과정에서 배제되는 것이 당연하고 옳은 것으로 간주되었지요. 그러나 그러한 시대착오적인 사고방식은 이제 반드시 바로잡혀야 하고, 새로운 사고방식에 기초한 진정한 민주주의를 실천할 시대가 왔습니다. 그리고 이것을 실천할 수 있는 제도가 바로 아래로부터의 '온라인 시민 대표'의 선출입니다!

이 땅의 대중들이 더 이상 정당 자기들이 독점적으로 내놓은 상품들을 강제로 선택해야 하는 그러한 피동적인 들러리일 수만은 없습니다. 이제 〈나는 가수다〉처럼 대중이 직접 순위를 결정하고, 〈위대한 탄생〉처럼 대중이 직접 참여하여 스스로 가수가 되고, 또 그런 과정을 대중이 판정하고 결정해야만 합니다.

'온라인 시민 대표'에 만약 결원 상황이 발생하면 다시 선출하여 강인한 지속성을 유지해야 할 것입니다. 향후 이 온라인 대표의 역할은 대의 제도의 취약점을 보완하는 기제로 실질적으로 작동하고, 제도권 정당과의 경쟁 구도에 의하여 정당으로 하여금 대중과 유리되지 못하게 하는 기제로 기능할 수 있습니다. 우선은 노르웨이의 '민주주의를 위한 청년 포럼' 경우처럼 청년 대표를 먼저 선출하는 방안도 고려될 수 있습니다.

　궁극적으로 이 '온라인 시민 대표'가 국가의 합법적인 기구로 정착되고 의회의 공식적인 구성원으로 참여함으로써 우리 사회의 진정한 민주주의를 실현하는 도약대가 되기를 기대합니다.

정당, 안철수의 길이 아니다

70~80년대 우리 사회에서 강력한 세력을 지니고 있던 민주화 운동 진영은 왜 스러져 갔을까요?

　여기에 물론 여러 요인이 있겠지만, 필자는 무엇보다도 민주화 운동 세력이 주체적인 역량을 구축하지 못하고 제도권 정당에 경쟁적으로 진입함으로써 스스로 급속하게 왜소해지고 분열하면서 무력해졌다고 생각합니다. 민주화 운동 진영은 항상 제도권 정당과 '제휴'와 '연대'를 주장했지만, 정작 '제휴'와 '연대'의 주체는 세워 내지 못한 채 결국 소수의 명망가들이 제도권 정당으로 '흡수·영입·수혈'되면서 결국 끝없이 위축되고 축소되어 갔던 것입니다.

　이러한 차원에서 안철수 교수의 행보를 위하여 생각해 보면, 이번 서울 시장 선거에서 마지막 순간에 지지 의사를 보여 주었던 것처럼 정치권 진입, 혹은 직접적 개입의 시기는 최대한 늦춰야 한다고 봅니다. 현재 제3정당 창당론도 제기되고 있고, 또 통합 정당 건설론도 주장되고 있습니다. 그러나 한마디로 말해 그것들은 안철수의 당면 과제가 아닙니다.

이우위직以迂爲直, 우회하는 것이 가장 빠른 길이며, 부전이승不戰而勝, 싸우지 않고 승리하는 것이 최상의 승리입니다. 안철수 교수는 이미 서울 시장 선거에서 싸우지 않고 승리하였고, 우회함으로써 가장 빨리 도달하였습니다. 전혀 아쉬울 것도 없고 서두를 이유도 없습니다. 중요한 것은 기성 정치인처럼 상층 위주의 정치 공학적 접근을 해서는 안 된다는 점이며, 무엇보다 '아래로부터의 힘'을 중시하는 관점이 중요합니다. 만약 앞에서 제기한 '온라인 시민 대표'가 실현된다면, 사실상 이미 '온라인 시민 대표'인 안철수 교수와 자연스럽게 결합될 수 있을 것입니다.

이미 객관적 조건은 충분히 성숙되었습니다. 우리 사회의 '무당파'는 이미 40퍼센트에 이르고 있고, 더욱 확대되는 추세입니다. 여기에 주체적인 역량이 결집되는 상황이 되면 선거라는 전쟁터에 나아갈 것이고, 반대로 역량이 아직 부족하거나 시기가 도래하지 않았다면 서울 시장 선거처럼 자신과 가까운 우군을 '진정성'을 가지고 지원하면 될 것입니다.

고단한 시대, 대중들은 영웅을 기다렸습니다. 그러나 그간 '영웅으로 추앙되었으나 영웅이지 못했던' 숱한 인물들은 역사의 뒤안길로 사라져 갔습니다.

다시 우리 시대의 영웅의 반열에 선 안철수, 그는 기성 정치인에게 결여되어 있는 신뢰성과 공적公的 가치의 추구를 무기로 삼고 특유의 그 넉넉함을 바탕으로 대중의 열망을 받들어 역사적 과업을 잘 수행해 내리라 믿습니다.

이제 그만 위탁이나 위임의 시대에 종지부를 찍고 국민이 국가의 운영에 주인으로서 **직접 나서야** 합니다.

더구나 우리나라는 정치 현실에 대한 심각한 불신과 좌절감, 국민의 높은 정치적 관심 그리고 세계에서 유례를 찾아보기 어려울 정도의 인터넷 보급과 발전이라는 요인에 의하여 **직접 민주주의를 지금 당장 실천할 수 있는 기반**이 이미 **충분**하게 형성되어 있습니다.

直接

이 땅의
젊은이에게
보내는 편지

民主主義

'기준'과 '원칙'이 있는 사회를 위하여

사회란 다양한 개인과 집단들로 구성되어 있기 때문에 어느 한 사회가 원활하게 그 기능을 발휘하기 위해서는 무엇보다도 의사 소통의 체계가 정립되지 않으면 안 됩니다.

어느 사회든 그 구성원들은 일정한 규범에 의하여 제정된 언 어를 수용하여 강제적으로 따르게 되는데, 이 의사소통의 매개인 언어를 바로 규약의 체계, 즉 코드(code)라고 하지요. 개인은 이 사회적 규약에 토대를 둔 언어에 근거하여 언어 생활을 영위하게 되며, 이러한 언어의 국가 사회적 규범을 지배하는 것이 바로 '표준標準'이라고 합니다.

우리 사회에서 '기본'과 '원칙'이 충실히 지켜지지 않고 있다 는 점은 오늘 우리 사회가 안고 있는 갖가지 문제를 야기한 근본 적인 요인이라 말할 수 있을 것입니다.

'기준基準'이나 '표준標準'의 의미를 지니고 있는 영어 '스탠다드(standard)'는 원래 '군기軍旗'라는 뜻으로 중세 시대 전쟁에서 병사들이 전투를 벌이는 가운데 가장 높은 곳에 꼿꼿하게 박아 놓고 병사들로 하여금 결전을 치르도록 하는 의미가 있었습니다. 이 군기가 쓰러지면 병사들은 더 이상 전진을 하지 못하고 패퇴해야만 했지요. 따라서 '스탠다드(standard)'라는 단어는 전쟁터의 용사들이 적의 어떠한 공격에도 굴하지 않고 꼿꼿이 버티는 자세가 적용되어, '최후의 저항, 반항, 확고한 입장'이라는 의미를 지니고 있었습니다.

결국 '기준', 혹은 '표준'이라는 의미를 지니는 '스탠다드 (standard)'는 사회의 최후의 버팀목이라는 뜻을 내포하고 있습니다. 그러므로 이 '기준'이 무너지게 되면 전체 사회가 붕괴한다는 것을 의미하지요.

'기준'과 '원칙'을 나타내는 'principle'의 어원은 라틴어 'principium'으로부터 비롯된 것으로 그 의미는 '시작' 또는 '근원'입니다. 사실 '법'을 뜻하는 'law'의 어원도 'origin'으로서 '근원'입니다. 그리고 '규칙'을 말하는 'rule'의 어원은 "똑바로 가다"에서 비롯되었지요. '시작' 또는 '근원'이 없으면 아무것도 존재할 수 없습니다.

이렇듯 '기준'이나 '원칙'은 '근원' 혹은 '똑바로 가는 것'으로부터 '시작'되는 것입니다.

공정 경쟁을 파괴한 '명품名品'이라는 말

우리가 평소 아무 생각 없이 사용하고 있는 말에도 이러한 기준이 지켜지지 않고 있는 사례가 적지 않습니다.

명품을 구매하기 위하여 수십 미터에 이르는 줄을 서고 있다는 뉴스를 심심치 않게 들을 수 있습니다.

이른바 '명품名品'이란 "뛰어나거나 이름난 물건, 또는 그런 작품"이라는 의미를 지니는 단어로 일본에서 만들어진 말입니다. 그런데 이 '명품'이란 단어는 사람들에게 '압도적으로 뛰어난 물건'이라는 확실한 가치관과 판단의 기준을 제공하는 용어입니다. 하지만 현재 사용되는 '명품'이란 영어 'luxury goods'의 번역어로서 '사치품' 혹은 '유명 상표', '고가품'의 뜻을 지니고 있지요. 만일 '사치품'이나 '유명 상표'라는 용어로 정확하게 표현한다면, 사람들은 자기 나름대로의 합리적 판단 기준에 의하여 그 상품에 대한 인식을 하게 될 것입니다.

하지만 '명품'이라는 용어는 용어 자체에서 이미 사람들의 합리적 판단 기준을 압도하여 공정한 경쟁의 토대를 근본적으로 와해시키는 의미가 내포되어 있습니다. 이렇게 하여 결국 '명품'과 같은 용어는 합리적 판단 기준을 파괴하고 나아가 공정 경쟁을 붕괴시켜 건전한 시장 경제 시스템을 왜곡시키는 중요한 요인이 됩니다.

또 흔히 말해지는 '한반도 비핵화非核化'라는 말도 실은 잘못 사용되고 있는 용어입니다.

'비핵非核'이라는 말을 직역하면 "핵이 아니다"라는 뜻으로서 결국 '한반도 비핵화'는 "한반도는 핵이 아니다"라는 의미로밖에 해석할 수 없습니다. 우리가 '한반도 비핵화'라는 용어를 사용할 때 그것이 의미하고자 하는 뜻은 "한반도를 핵이 없는 상태로 만들기"라는 내용입니다.

따라서 '한반도 비핵화'는 '한반도 무핵화無核化'라고 바꿔 사용해야 정확합니다.

공평하지 못하면 요구하라! 불평즉명不平則鳴

'불평즉명不平則鳴'이라는 말이 있습니다.

"공평하지 못하면 곧 그 문제의 개선을 요구하라!"는 말이지요.

이 땅에서 살아가는 젊은이들은 우선 자기 주변에 존재하는 문제에 대하여 그 해결책을 제기하고 요구해야 한다고 생각합니다. 개인적인 문제보다 공익적인 문제 제기라면 더욱 바람직하겠지요. 그것이 민원으로 불리든 주민 운동으로 칭해지든 아무튼 공익을 위한 활동을 각자 자기가 서 있는 자리에서 자기가 관심을 가진 문제로 제기하는 것입니다. 이전 독재 정권 때 선배 세대들은 온몸을 던져서, 때로는 목숨까지 던지면서 실천했지만, 지금 달라진 상황에서 젊은이들은 그러한 정신을 가지면서도 새로운 형태의 운동을 실천하는 것이 임무라고 생각합니다.

필자의 경우 가로수 가지치기에 대하여 7년째 민원 운동을 전개해 오고 있습니다. 필자는 길을 걸을 때면 길가의 나무만 쳐다보고 다닐 정도로 나무를 특별히 좋아합니다. 그래서 가로수를 마치 적의 목을 치듯이 젓가락처럼 흉물스럽게 잘라 놓는 모습에 너무 분노한 것이지요. 더구나 갈수록 심각해지는 지구 온난화와 환경 보호 차원에서 가로수는 중요한 기능을 담당하고 있는데, 담당 공무원과 업체는 마치 나무가 적이라도 되는 것처럼 무자비하게 잘라 내는 이러한 잘못된 관행을 반드시 고쳐야 한다는 결심을 했던 것입니다.

그리하여 많은 사람들이 공익을 위한 민원 운동을 실천한다면 그것은 커다란 물결이 되어 반드시 큰 힘을 발휘할 것입니다. 이것이 곧 참여 민주주의의 실현이며, 동시에 근대화된 시민으로서, 공민公民으로서 갖춰야 할 권리이자 의무라고 할 수 있지요. 이러한 힘이야말로 사회와 국가 그리고 일본 원전 사고의 교훈으로부터도 잘 알 수 있듯이 결국 나 자신을 포함한 인류 전체를 살리는 길입니다.

그런데 이런 민원 제기의 상대측이 시간 끌기, 말 바꾸기, 대충 얼버무리기의 대가라는 사실은 이미 알고 계시겠죠? 최소한 몇 년은 계속한다는 생각을 가지고 끈질기게 실천해야 합니다. 대개 이런 싸움이란 끈기의 싸움이 되고, 그 과정에서 법률 규정과 제도를 꼼꼼히 따져 봐야 합니다. 그리고 외국의 법과 제도를 참조하는 등 구체적인 대안을 만들어 가야 합니다. 특히 정확한 관련 법 규정을 찾아내느냐의 여부는 이러한 운동의 성패를 좌우할 정도로 중요합니다.

저의 경우도 '서울시 가로수 관리 조례'를 찾아내 현재의 가로수 전지剪枝가 위법임을 지적할 때부터 주도권을 잡기 시작했습니다. 그리고 프랑스 가로수 관리 절차를 사례로 예시하고 나중에는 중국 상하이 시의 가로수 관리 사진까지 찍어 와 설득력을 더했습니다.

사람들은 말합니다. 뭘 그리 '찌질한' 작은 일을 가지고 시비를 거느냐, 왜 현미경만 보느냐고 핀잔을 줍니다. 큰일을 하라고요. 그러한 말을 통하여 온갖 모욕을 주고 또 좌절감을 안김으로써 스스로 포기하게 만듭니다. 그러나 가만 보면 그런 말을 하는 사람일수록 큰일도 하지 않을 뿐 아니라 작은 일도 하지 않는 사람입니다. 또 사람들은 말합니다. 자나 깨나 조심해서 살고 문제 제기는 나중에 사회에서 자리를 잡고 해도 된다고.

　　그러나 실제로 여러분들은 우리 주변에서 높은 자리에 올라간 뒤 초심을 살려 올바른 문제 제기를 하는 사람을 보았습니까? 정말 어쩌다 그런 사람이 있기는 있지만 천연기념물 수준으로 사실상 거의 없다고 봐야겠지요. 결국 그러한 주장은 아무 일도 하지 말라는 것으로 연결됩니다.

　　그러나 우리들이 아무 문제 제기도 하지 않고 아무 일도 하지 않게 되면 결국 현존하는 사회 구조의 시스템만 더욱 강화되어 가진 자, 기득권층만 계속 더 좋아질 뿐이고, 필연적으로 젊은이들의 삶은 더욱 고달파집니다. 지금 선배들이 무얼 해 주었냐고 볼멘소리를 하지만, 이렇게 되면 여러분 역시 여러분 후배들에게 무엇을 남겨 주었냐는 비판을 피할 길이 없습니다.

　　사실 오늘날 부족하나마 이만큼이라도 민주주의가 이룰 수 있는 원인도 사실 선배들의 투쟁을 밑거름으로 하여 가능해진 것입니다. 지금은 퍽이나 이상한 소리로 들리겠지만, 필자가 독재 정권에 대항하여 투쟁할 때만해도 '자유'라든가 '정의'라는 말만 입 밖에 꺼내도 감옥행이었습니다. 이른바 연좌제가 적용되어 아버지도 직장에서 쫓겨나야 했고 삼촌도 일터에서 쫓겨나야 했습니다. 운동을 하려면 목숨까지 걸어야 했던, 최소한 모든 것을 잃을 수 있는 상황이었습니다.

지금은 그런 측면에서는 상당히 좋아진 조건이 되었지요. 그러나 여기에서 더 나아가야 합니다. 한국의 민주주의는 외형적인 총론의 틀만 이제 겨우 세워진 것이지 구체적인 각론에서 취약하기 짝이 없습니다. 이제 막 시작한 수준이라고 해야겠지요.

시작이 반입니다. 그 내용을 충실하게 채워 나가는 것은 이제 여러분의 과제로 남겨진 것입니다. 그리고 거기에는 여러분의 힘과 자각 그리고 실천이 필요합니다. 수출이 잘된다거나 올림픽을 유치했다거나 혹은 대규모 건설 사업을 한다고 흥분만 하는 것보다 과연 그것이 누구에게 이익이 돌아가는 것이며 또 중산층 이하의 서민들과는 어떠한 관계가 있는지를 면밀하게 분석하고 냉철하게 성찰해야 합니다.

환경을 생각하며 천천히 가자

한국인의 특성을 얘기할 때 가장 많이 나오는 말이 바로 '빨리 빨리'입니다.

그런데 '빨리 빨리'의 반대어인 '천천히'는 '천천川川'으로부터 비롯된 말로 추정됩니다. 즉, 유유히 흘러가는 냇가의 물처럼 느긋한 모습을 나타내고 있는 것이지요.

한나라 양웅揚雄의 《태현太玄》〈난難〉에 "대차천천大車川川, 상해어산上輆於山, 하촉어천下觸於川"이라는 문구가 있습니다. 즉, "커다란 마차는 천천川川하여, 위로는 산에 거리끼고, 아래로는 내에 닿는다"라는 뜻이지요. 즉, "천천川川이라는 말은 '무겁고 느릿느릿한 모습'을 의미합니다. 정말이지 냇가의 흘러가는 물은 여유롭고 유유히 굽이굽이 흘러 내려가는 것이지요. 앞뒤를 다투는 일 없이 차례차례 함께 더불어 흐르고 그러면서도 결코 쉬지 않고 내려갑니다.

하지만 냇물이 흘러가는 모습으로부터 비롯된 '천천히'라는 말은 단순히 '서서히', '느릿느릿'의 의미만 가지는 것이 아닙니다. 때로는 계곡을 우당탕 퉁탕 격하게 부딪치는 격류가 되기도 하고, 구불구불 흐르다가 또 거꾸로 역류하기도 합니다. 냇물은 대부분의 시간을 유장하게, 즉 '천천히' 흘러가지만, 그것은 동시에 언제든지 격동과 파격과 역류로 전화될 수 있는 것이며, 그리하여 결코 '살리기'의 대상인 것이 아니라 그 자체로 역동적으로 '살아가는' 것이지요.

창덕궁의 정원을 살펴보면 우리 선인들이 자연과의 조화를 얼마나 중시했는가를 알 수 있습니다. 전국의 사찰 역시 마찬가지이고, 조선 왕릉 또한 자연과의 조화를 가장 큰 원칙으로 삼았습니다. 기실 우리 민족 문화의 전통은 자연과의 조화를 추구하는 것이었습니다. 하지만 이러한 전통은 일제 식민지 시대와 박정희 시대의 개발 독재를 거치면서 철저히 붕괴되었습니다. 정치·관료·재벌의 소수 특권층 지향적인 '근대화와 개발'이 '근대화'나 '경제 성장'의 이름으로 평가되어서는 안 될 것입니다. 그것은 파괴, 단절 그리고 죽음으로 연결됩니다.

이제 자연과의 조화가 복원되어야 합니다. 자동차로 상징되었던 풍요와 속도, 인간 위주의 사고방식으로부터 벗어나야 합니다. 아파트로 상징되는 개발과 탐욕의 사고방식을 떨치고 과연 인간의 삶이란 무엇인가에 대하여 본원적인 성찰을 해야만 할 때입니다.

물극즉반物極則反, 모든 사물은 극에 이르면 전변轉變하는 것입니다.

지금부터라도 약간의 불편함과 부족함을 기꺼이 받아들이는 그러한 삶의 방향으로 나가야 합니다.

중심과 주변이란 고정된 것이 아니라 순환한다

인류 역사는 다른 측면에서 관찰해 보면, 유목민과 정착민의 대결사라고 할 것입니다.

　동서고금을 막론하고 인류 역사는 '인사이더(Incider)'인 정착민과 '아웃사이더(Outcider)'인 유목민의 충돌과 융합으로 이뤄져 왔습니다.

　유럽에서는 게르만족과 로마 제국, 바이킹족과 영국의 역사가 그러한 양상을 보여 주었고, 중국에서는 흉노족과 한나라, 여진족 및 몽골족과 송나라, 만주족과 명나라의 역사가 모두 유사한 궤적을 그렸습니다. 유목민은 비록 정착지도 없이 진지陣地도 없이 항상 소수인 채 열세에 놓여 있는 듯 보였지만 천시天時가 도래하고 집단의 영웅이 출현하게 되면, 반드시 정착민에게 그 공격 방향을 돌려 순식간에 정복했습니다.

　전통적으로 유목민에게 중요한 무기 중 하나는 바로 기마騎馬로 특징지어지는 기동력, 즉 속도였지요. 용맹스럽고 인화人和를 갖춘 일사 분란한 기마병의 대오 앞에 정착민은 비록 수적으로 우세하고 강력한 성벽과 진지를 보유하고는 있었지만 부패하고 정체된 사회 구조 속에서 민심이 대거 이반하며 결국 속수무책으로 스러지곤 하였습니다.

　여기에서 주목할 사실은 이러한 과정에서 유목민은 일반적으로 생각되는 것과 같이 항상 정복과 파괴만 한 것이 아니라 정착민과 더불어 서로 융합하였다는 점입니다. 즉 상대적으로 '보수적이고 정체되어 있던' 정착민 집단은 이 과정에서 유목민 집단

의 새로운 피를 수혈 받아 신진대사를 이뤄 냄으로써 정착민과
유목민의 양 집단 모두 다시금 전체적으로 역동성을 지닐 수 있
었던 것이지요.

　그러니 이른바 '주변부'가 항상 주변부인 것은 결코 아닙니
다. 유럽의 주변부에 지나지 않던 영국이 결국 세계를 제패하였
고, 중국은 그 주변부였던 몽골족이나 만주족에게 멸망당했습니
다. 진시황의 진나라도 처음에는 고작해야 변두리 야만 국가였을
뿐이었습니다. 기실 일본도 중국의 주변부였지만 결국 중국을 넘
어섰습니다. 미국 사회 내에서 흑인 집단은 영원한 주변부일 것
처럼 보였지만, 결국 흑인 대통령 오바마가 등장하였습니다. 영
원할 것만 같았던 일본 자민당의 '중심부'도 결국 붕괴하였습니
다. 또 서울의 노른자위 강남 지역은 불과 30년 전만 해도 서울
변두리 중에서도 변두리인 논밭에 지나지 않았지요.

　'주변'과 '중심'이란 이렇듯 영원불변한 구도가 아니라 상호
순환하는 것입니다.

　사실 지금 이 땅에는 국가 기관이나 제도권 정당을 비롯하여
언론, 시민 단체 등 기존의 모든 '꽉 막히고 닫힌' 인사이드 시스
템에 절망하면서 새로운 대안과 지향을 희구하고 모색하려는 사
람들이 너무도 많습니다. 이를테면 현재의 정당 구조를 혐오하면

서 새로운 대안 세력의 출현을 바라는 사람들은 어림잡아도 1,000만 명은 너끈히 넘어설 것입니다.

이 시대의 유목민인 '아웃사이더'들은 비록 지금은 이 사회에 변변한 진지조차 마련하지 못하고 '인사이더'들의 높다란 성벽에 가로막혀 겉으로 봐서는 무력한 듯 보입니다. 하지만 변화와 새로운 희망을 갈구하는 민심이 광범위하게 존재하고 있으며, 특히 기동력과 속도 그리고 쌍방향성을 갖춘 인터넷을 강력한 무기로 갖추고 있습니다.

이 땅의 작은 영웅들, 화살처럼 빨리 달리자!

횡단보도 중간에서 한 사람이 하늘을 쳐다보면 지나가던 행인들은 별로 신경을 쓰지 않습니다. 두 명이 쳐다볼 때도 큰 변화가 없지요. 하지만 세 명이 하늘을 같이 쳐다보게 되면, 지나가는 사람들이 모두 하늘을 쳐다보게 됩니다. 짐바르도(Philip George Zimbardo) 스탠퍼드 대학 교수는 "세 번째 사람이 티핑 포인트(Tipping Point), 즉 변곡점이 된다. 세 사람이 모이게 되면 이때부터 사회적 집단 개념이 생기고, 사회적 규범이 작동하기 시작한다. 세 사람이 모여 특정한 목표를 가지고 동일한 행동을 하면, 다른 사람들이 공감하기 시작한다"고 분석하였습니다.

예로부터 "똑똑한 세 명만 있으면 나라도 세울 수 있다"는 말이 있었는데, 이 말이 공연히 나온 것이 절대 아닙니다. 즉, 어느 조직에서 세 명만 내 편을 만들게 되면 그 조직을 얻게 될 수 있는 것이지요. 각자 자기가 속한 조직에서 '세 명의 동지' 만들기 운동을 전개하여 조직을 얻어 나가야 합니다.

'안다'는 뜻의 '지知'는 '화살 시矢'와 '입 구口'가 합친 글자로서 "어떤 사물을 알게 되면 입으로 말하게 되는 것이 마치 화살처럼 빠르다"라는 의미를 지니고 있습니다.

바야흐로 '말을 몰아 화살처럼 빨리 내달릴 수 있는' 시기는 이미 도래하였습니다.

이제 이 땅의 변화와 정의의 실현을 희망하는 각 집단의 '작은 영웅'들이 모두 광야에 나타나야 할 시점입니다.

지금 이 땅에는 국가 기관이나 제도권 정당을 비롯하여 언론, 시민 단체 등 기존의 모든 '꽉 막히고 닫힌' 인사이드 시스템에 절망하면서 새로운 대안과 지향을 희구하고 모색하려는 사람들이 너무도 많습니다.

어둠이 깊을수록 희망은 바로 그 안에서 자라납니다.

이제 이 땅의 변화와 정의의 실현을 희망하는 각 집단의 '작은 영웅' 들이 모두 광야에 나타나야 할 시점입니다.

| 참고 문헌 |

강현철, "재미로 풀어보는 법령용어", 《법령정보》, 2007년 4월호.

김현권, "언어를 둘러싼 표준 이야기", 《기술표준》, 제75호, 2008.

박병섭, "민주적 대표제에 대한 연구", 《민주법학》 제21호, 2002.

이준일, 〈의원의 자유위임과 명령적위임〉, 석사 학위 논문, 1990.

임혁백, "대의제 민주주의는 무엇을 대의하는가?", 《한국정치학회보》 제43집 제4호.

정종섭, 〈대의제에 대한 비판적 연구〉, 박사 학위 논문, 1989.

조일문, 《새 정당론》, 삼화출판사, 1972.

주성수, "풀뿌리 민주주의 이론적 기초", 《시민사회와 NGO》 제3권 제2호, 2005.

최장집, 《민주화 이후의 민주주의》, 후마니타스, 2010.

허영, 《헌법이론과 헌법》, 박영사, 2010.

April Carter, 조효제 옮김, 《직접 행동》, 교양인출판사, 2006.

Gross, A. "The design of Direct Democracy", Kaufmann, B. and Waters, M. eds, 《Direct Democracy in Europe》, Durham: Carolina Academic Press, 2004.

J. J. Rousseau, 방곤 옮김, 《사회계약론》, 신원문화사, 2006.

Joseph E. Stiglitz, "Of the 1%, by the 1%, for the 1%", 《Vanity Fair》, 2011. 5.

Noam Chomsky, "Anti-Democratic Nature of US Capitalism is Being Exposed", 《The Irish Times》, 2008. 10. 10.

40, 41, 44, 45, 46, 47, 48쪽 도표 출처: 〈서울 G20 국회의장회의 개관과 초청국 의회 정보〉